C. Borchard, B. Doetsch, K. Neumann (Hg.)

Der Zeit einen Schritt voraus: gender konsequent

Forum
Hochschulentwicklung und
Hochschuldidaktik

herausgegeben von

Prof. Dr. Anna-Katharina Szagun
(Universität Rostock)

Prof. Dr. Karl Neumann
(TU Braunschweig)

Dr. Herbert Asselmeyer
(Universität Hildesheim)

Band 4

LIT

C. Borchard, B. Doetsch, K. Neumann (Hg.)

Der Zeit einen Schritt voraus: gender konsequent

Qualitätssteigerung der Hochschulentwicklung durch Gender Mainstreaming

LIT

Bibliografische Information Der Deutschen Bibliothek
Die Deutsche Bibliothek verzeichnet diese Publikation in der Deutschen
Nationalbibliografie; detaillierte bibliografische Daten sind im Internet
über http://dnb.ddb.de abrufbar.

ISBN 3-8258-8539-9

© LIT VERLAG Münster 2005
Grevener Str./Fresnostr. 2   48159 Münster
Tel. 0251–620320   Fax 0251–231972
e-Mail: lit@lit-verlag.de   http://www.lit-verlag.de

Inhaltsverzeichnis

Karl Neumann
Zur Einführung 7

Lutz Stratmann
Grußwort des Niedersächsischen Ministers
für Wissenschaft und Kultur. 9

Christiane Borchard
gender konsequent – Tagungskonzept 12

Barbara Stiegler
„Gender Mainstreaming – den Ausdruck kenne ich nicht" 24

Ada Pellert
Gender Mainstreaming und die Personal-
und Organisationsentwicklung an Universitäten 47

Bozena Choluj
„Gender Studies" – Ein Beitrag zur Umsetzung des
Gender Mainstreaming in Forschung und Lehre? 60

Mineke Bosch
Gender Mainstreaming European Research:
an example for national policies and projects 68

Angelika Blickhäuser & Henning von Bargen
Gendertraining für Hochschulleitungen
im Rahmen der Fachtagung *gender konsequent*
am 30. Mai 2003 in Braunschweig 88

Christiane Borchard
Begleitforschung zur Tagung –
Online Befragung der Hochschulleitungen 111

Brigitte Doetsch
Geschlechtersensibilität und Gleichstellungspolitik
als Teil des Qualitätsmanagements an
Niedersächsischen Hochschulen 123

Informationen zu den Autorinnen und Autoren 135

Karl Neumann

Zur Einführung

Auf dem Hintergrund der Erfahrungen aus der internationalen Entwicklungs- und Frauenpolitik sowie der Erkenntnisse der Frauen- und Geschlechterforschung hat Gender Mainstreaming (GM), definiert als die „(Re)Organisation, Verbesserung, Entwicklung und Evaluierung grundsätzlicher Prozesse mit dem Ziel, eine geschlechtsspezifische Sichtweise in allen politischen Konzepten auf allen Ebenen einzunehmen und in allen Phasen durch alle an politischen Entscheidungsprozessen beteiligten Akteure einzubringen", durch den Europarat seit 1998 den Charakter eines politischen Imperativs zugewiesen bekommen und inzwischen viel von seiner Vagheit und Vieldeutigkeit verloren. In einem Grundsatzpapier des Bundesministeriums für Familie, Senioren, Frauen und Jugend ist schon im Jahre 2000 richtungsweisend klargestellt worden, dass die Geschlechterperspektive ein Strukturelement der Gesamtpolitik bilden soll, dass also die politische Handlungsaufforderung grundsätzlich an den Verhältnissen selbst und den AkteurInnen ansetzen sollte, die für die Verhältnisse verantwortlich sind.

Das impliziert folgerichtig eine Delegation der Verantwortung für die Umsetzung von Gender Mainstreaming auf die Leitungsebenen, erfordert ein begleitendes Controlling, Berichtsveröffentlichung, Evaluation und Weiterbildung. Bei der Ressourcenverteilung wird Gender Mainstreaming zukünftig eine wachsende Rolle spielen, wie sie in wünschenswerter Deutlichkeit auch in dem den vorliegenden Band einleitenden Grußwort des Niedersächsischen Ministers für Wissenschaft und Kultur zum Ausdruck kommt.

Die ausführliche Dokumentation der Tagung *gender konsequent* verfolgt das Ziel, den Stand des differenzierten wissenschaftlichen Wissens über die Geschlechter und Geschlechterverhältnisse nachzuzeichnen, vor allem aber exemplarisch deutlich zu machen, dass sich wissenschaftliches, auf kritischem Reflexionspotential beruhendes Wissen nicht direkt in Maßnahmen der Qualitätsentwicklung von Hochschulen, geschweige denn in hochschulpolitisch-strategisches Handeln umsetzen wird, sondern möglichst konkreter, überzeugender Aktivitäten in der Hochschulentwicklung und Weiterbildung bedarf. Trotz der steilen Karriere des Gender

Mainstreaming – Konzepts ist der Weg von der politischen Handlungsmaxime zu realitätsnahen Entwicklungsmaßnahmen noch weit.

Allerdings sind die Herausgeber/innen der Meinung, mit der vorgelegten Bilanz der Tagung *gender konsequent*, ihrer Entstehungsgeschichte, ihres Umfeldes, ihres didaktischen Konzeptes und schließlich ihrer Auswirkungen einen facetten- und aufschlussreichen Beitrag für erfolgversprechend effiziente Realisierungschancen des Gender Mainstreaming im Alltag der Qualitätsentwicklung von Hochschulen präsentieren zu können.

Für die großzügige finanzielle Förderung durch das Niedersächsische Ministerium für Wissenschaft und Kultur, ohne die die Umsetzung des Konzepts von *gender konsequent* nicht möglich gewesen wäre, sei an dieser Stelle ausdrücklich gedankt.

Braunschweig, März 2005

Lutz Stratmann

Grußwort des Niedersächsischen Ministers für Wissenschaft und Kultur

Sehr geehrte Damen und Herren,

mit dem Titel *gender konsequent* ist für die heutige Konferenz ein anspruchsvolles Ziel postuliert, nämlich die konsequente Umsetzung des Gender Mainstreaming in allen Bereichen der Hochschule bzw. der Hochschulpolitik.

Gender Mainstreaming ist ein Begriff, der Konjunktur hat, der, wenn nicht in aller, dann doch in zunehmend vielen Mündern ist, mit dem jedoch auch weniger konkrete Inhalte als vielmehr Vorbehalte verbunden werden. Handelt es sich um ein Modewort oder um einen zukunftsweisenden Begriff? Obgleich der Begriff sich allen Versuchen einer Übersetzung sowohl ins Deutsche als auch in andere europäische Sprachen ziemlich erfolgreich widersetzt hat, ist mittlerweile doch klar geworden, worum es geht, nämlich um die Einbeziehung der Gleichstellungsperspektive zwischen Frauen und Männern in allen Bereichen und auf allen Ebenen von allen Personen, die an politischer Gestaltung beteiligt sind. Die Aufnahme dieses Ziels in den im Mai 1999 in Kraft getretenen Vertrag von Amsterdam belegt die hohe politische Priorität, die diesem Grundsatz auf europäischer Ebene zukommt.

Auch in Niedersachsen und insbesondere im Hochschulbereich sind wir bestrebt, diesen Begriff mit Leben zu füllen und in die Praxis umzusetzen. In Niedersachsen gibt es eine beim Sozialministerium angesiedelte Steuerungsgruppe Gender Mainstreaming unter Vorsitz des dortigen Staatssekretärs, die sich um die Implementierung in die einzelnen Geschäftsbereiche der Ressorts bemüht. Deshalb ist das Ziel "Gender Mainstreaming" nicht nur das Abfüllen alten Weins in neue Schläuche. Gender Mainstreaming ist vielmehr der Versuch, die Gleichstellungsproblematik systematisch auch in die Gesellschaft einzubringen, und es ist der Versuch, die Geschlechterperspektive von vornherein einzubeziehen und alle Potenziale zur Herstellung von Chancengleichheit zu aktivieren.

Lassen Sie mich einige Beispiele aus dem Hochschulbereich nennen: Durch das NHG sind die Hochschulen bereits seit 1994 verpflichtet, den

Gleichstellungsauftrag bei der Erfüllung ihrer Aufgaben zu berücksichtigen. Das NHG 2002 hat diesen Aspekt noch verstärkt und die bestehenden, auf strukturelle Änderungen abzielende Regelungen (wie z.B. die Festlegung von Quoren für die Berufungskommissionen) ergänzt durch Zielvorgaben für die Besetzung von Hochschulgremien, wie dem Präsidium, den Senat, die Hochschul- und Stiftungsräte. Bislang sind (fast) alle Stiftungsräte entsprechend den gesetzlichen Vorgaben mit mindestens drei Frauen unter den sieben Mitgliedern besetzt. Auch sind mittlerweile acht der insgesamt neunzehn Hochschulleitungen paritätisch besetzt, d. h. zu gleichen Teilen mit Frauen und Männern.

Die Gleichstellungsbeauftragten, die als gleichberechtigte Partnerinnen in einem konstruktiven Diskurs mit den Gremien und der Leitung der Hochschule eintreten sollen, sind mit gestärkten Informations- und Beteiligungsrechten ausgestattet sowie mit Personal- und Sachmitteln von bislang im bundesweiten Vergleich einmaligem Umfang. Auf dieser Basis – strukturelle Vorgaben durch Gesetz, tatsächliche Stärkung der Gleichstellungsbeauftragten - ist es u.a. gelungen, den Anteil der Frauen an Neuberufungen von Professoren in den letzten fünf Jahren kontinuierlich zu steigern, und zwar zurzeit auf durchschnittlich 20 % an Universitäten, 26 % an Fachhochschulen.

Auch die neue Landesregierung misst der Einbeziehung von Gleichstellungsaspekten besondere Bedeutung zu. Hervorheben möchte ich aber, dass es mir bei dieser Diskussion nicht nur um Quantitäten, sondern vor allem um Qualitäten geht. Bildung und Wissen sind unverzichtbare Ressourcen. Sie sind grundlegende Voraussetzungen für eine tragfähige wirtschaftliche Entwicklung, ebenso wie für eine gesellschaftliche Weiterentwicklung mit dem Ziel das Bewusstsein der Menschen für die Anforderungen und Chancen der Zukunft zu öffnen. Neben dieser gesamtgesellschaftlichen Perspektive hat Bildung und Wissen aber auch konkrete Bedeutung für die individuellen Chancen jeder einzelnen Person auf dem Arbeitsmarkt der Zukunft. Ohne die Ausschöpfung aller zur Verfügung stehenden Ressourcen im Bereich von Wirtschaft und Bildung werden wir die Herausforderung der Globalisierung nicht bestehen können. Die gestiegene Bildungsbeteiligung von Frauen und ihr Qualifikations- und Kreativitätspotential sind eine wichtige Bereicherung, auf die wir in Forschung und Lehre nicht verzichten können. Die Verbesserung der Chancen für Frauen ist deshalb aus meiner Sicht auch ein Beitrag zur Qualitätssteigerung, Leistungssteigerung,

Stärkung der Wettbewerbsfähigkeit sowohl der Hochschulen als auch der Gesellschaft und Wirtschaft insgesamt. Ich möchte deshalb Gleichstellungspolitik als ein Element eines Qualitätsmanagements an Hochschulen verstanden wissen.

Der Ansatz des Gender Mainstreaming setzt auf eine klare Top-down-Strategie, d.h. die Hochschulleitung mit ihrer Führungsverantwortung ist hier besonders gefordert. Die meisten Hochschulen stellen sich aktiv dieser Aufgabe, nicht zuletzt sicher auch deshalb, weil sie wissen, dass zukünftig die Zuteilung von Mitteln unter anderem auch von ihren Erfolgen bzw. Misserfolgen in diesem Feld abhängen wird. Ich beabsichtige bereits zum Haushalt 2004 eine formelgebundene Mittelbemessung für die Universitäten einzuführen, bei der – wie bereits an den Fachhochschulen – Gleichstellungsparameter integriert sind.

Das von Ihnen im Rahmen dieser Tagung angebotene "Gendertraining" für die Tandems aus Hochschulleitungen halte ich für ein exzellentes Instrument, um diese Strategie zu unterstützen. Ebenso wichtig ist es, gemeinsam zu diskutieren, wie in allen Bereichen der Hochschule – in Lehre, Forschung, Weiterbildung und auch der Hochschulverwaltung – die Strategie des Gender Mainstreaming weiter implementiert werden kann. Hier wird, dessen bin ich gewiss, die Tagung viele interessante Perspektiven aufzeigen. Ich wünsche Ihnen spannende Diskussionen!

Christiane Borchard

1. *gender konsequent* – Tagungskonzept

Vor dem Hintergrund einer vielfältigen Zusammenarbeit in unterschiedlichen Projekten im Themenfeld „Gender und Diversity" wandte sich im Herbst 2001 die Frauen- und Gleichstellungsbeauftragte der Technischen Universität Braunschweig, BRIGITTE DOETSCH, mit einem Kooperationsanliegen für ein Projekt zum Thema „Gender Mainstreaming und Hochschulentwicklung" an den Leiter der Arbeitsstelle für Hochschuldidaktik (AfH) an der TU Braunschweig, Professor KARL NEUMANN. Im Gespräch wurden sehr schnell die Chancen für ein entsprechendes Projekt ebenso wie ein hoher Qualifizierungsbedarf der Hochschullehrenden generell und der Hochschulleitungen im Besonderen deutlich[1]. Die große Herausforderung war zunächst die Konzeption eines entsprechenden Angebots.

Publiziert zum Thema Gender Mainstreaming und Wissenschaft[2] war bereits genug, bundesweite Tagungen zu den Themen Personalentwicklung, Qualitätsmanagement und „Geschlechtergerechtigkeit" an Hochschulen in „traditionellem Format" gab es ebenfalls bzw. waren angekündigt[3].

Erklärtes Ziel des Projektes sollte es sein, bundesweit einen wirkungsvollen Impuls zum Einstieg in die Implementierung von Gender Mainstreaming (GM) zu geben. Dabei konnte auf die Tatsache zurückge-

---

[1] Nach wie vor ist europaweit ein niedriger Frauenanteil in der Hochschullehre und öffentlichen Forschung zu verzeichnen. „In der akademischen Lehre sind Frauen stark unterrepräsentiert: Im Jahr 1999 betrug ihr Anteil an den Hochschullehren im EU-Durchschnitt 26%. Besonders niedrige Werte wurden in **Deutschland** (9%), **Irland** (12%), **Belgien** (14%) und den **Niederlanden** (15%)...verzeichnet." (eurostat pressemitteilung, 08.11.2001). Die Umsetzung des Artikel 3 Absatz 2 des Amsterdamer Vertrages von 1997 in deutschen Hochschulen lässt also noch auf sich warten.
[2] ETAN Bericht (2001). Wissenschaftspolitik in der Europäischen Union. Förderung herausragender wissenschaftlicher Leistungen durch Gender Mainstreaming; BATISWEILER, C., LEMBECK, E. & JANSEN, M. (Hrsg.) (2001) Geschlechterpolitik an Hochschulen: Perspektivenwechsel. Zwischen Frauenförderung und Gender Mainstreaming; BAAKEN, U. & PLÖGER, L. (Hrsg.) (2002) Gender Mainstreaming. Konzepte und Strategien zur Implementierung an Hochschulen; Zeitschrift für Frauenforschung und Geschlechterstudien. Themenschwerpunkt: Hochschul- und Wissenschaftsentwicklung durch Gender Mainstreaming? Heft 3/2002 u.v.a.m., u.a. auch die zahlreichen Veröffentlichungen der Autorinnen des vorliegenden Bandes.
[3] z.B. Gender November. Internationale Fachkonferenz zum Thema: Gender in Lehre und Didaktik. Inhalte, Medien und Methoden an der Fachhochschule Erfurt (2001); Personalentwicklung, Geschlechtergerechtigkeit und Qualitätsmanagement an der Hochschule, an der Universität Dortmund (2002).

griffen werden, dass sich als Einstieg in die Einführung von Gender Mainstreaming das Instrument des Gendertrainings[4] offensichtlich besonders bewährt hat. Ferner war davon auszugehen, dass die Implementation von Gender Mainstreaming an Hochschulen nach internationaler Erfahrung „ein langfristiges Umdenken der Art und Weise, wie Universitäten heute funktionieren" (BAER 2002, S. 25), voraussetzt.

Weiterhin musste berücksichtigt werden, dass die Einführung von Gender Mainstreaming in einer hierarchisch strukturierten Organisation top-down geschehen muss[5]. Universitäten verfügen jedoch über keine klassischen Hierarchien, da sie mehr als andere Organisationen vom Know-How ihrer Mitarbeiter/innen abhängig sind und Entscheidungen in der Regel kollektiver gefällt werden als in anderen Organisationen[6]. Mit den jüngsten Reformen des HRG und der Hochschulländergesetze haben allerdings die Präsidien an Entscheidungsmacht gewonnen. Insofern erscheint in diesem Zusammenhang nur ein Angebot konsequent, das sich an die Leitungsmitglieder aller Hierarchieebenen richtet, ein Gendertraining exklusiv für Hochschulleitungen beinhaltet und die Teilnahme paritätisch nach Geschlecht regelt.

Mit diesen Überlegungen hatte das Projekt einen Namen und ein Programm: *gender konsequent*.

An dieser Stelle sollte besonders darauf hingewiesen werden, dass die zuständige Referentin im Niedersächsischen Ministerium für Wissenschaft und Kultur, Ministerialrätin BARBARA HARTUNG, diese Überlegungen ebenso nachdrücklich wie anregungsreich und konsequent kontinuierlich unterstützte.

Aus den dargestellten Planungsüberlegungen ergab sich zwangsläufig die, nicht zuletzt auch tagungsdidaktische Frage, wie es möglich wäre, die – insbesondere gegenüber Weiterbildungsangeboten – sehr anspruchsvolle und skeptische Zielgruppe, für die Teilnahme an einem Gendertraining, die u.a. eine grundsätzliche Bereitschaft zur Selbstreflektion erfordert, optimal zu interessieren und zu gewinnen.

---

[4] vgl. BLICKHÄUSER, A.: Genderorientierung in Organisationen. Genderberatung und Gendertrainings – Instrumente zur Umsetzung geschlechterpolitischer Strategien in Organisationen. In: BAAKEN, U. & PLÖGER, L. (Hrsg.): Gender Mainstreaming. Konzepte und Strategien zur Implementierung an Hochschulen. Bielefeld 2002, S. 97 – 112.
[5] vgl. STIEGLER in diesem Band.
[6] vgl. PELLERT in diesem Band.

Im Folgenden ist das ursprünglich geplante und auch ausgeschriebene Tagungskonzept dargestellt. Die ausführlichen Überlegungen, warum es für dieses Tagungsprogramm nicht genug Anmeldungen gab, sind im Beitrag BORCHARD S. 111ff. in diesem Band nachzulesen.

1.1 Ursprüngliche Variante

Die Tagung *gender konsequent* sollte Chancen und Nutzen von Gender Mainstreaming in vielfältiger Form demonstrieren und erfahrbar machen. Geboten werden sollten umsetzbare Informationen, der Austausch mit Experten und Expertinnen, Kollegen und Kolleginnen, sowie die Möglichkeit der Teilnahme an einem exklusiven Gendertraining. Insgesamt sollten zielführende Impulse für eine zukunftsweisende Qualitätssteigerung von Lehre, Forschung und Verwaltung im Hochschulbereich gesetzt werden.

Es sollten Lernprozesse initiiert werden, die sich konsequent in einer Veränderung des Handelns umsetzen können.

Dafür muss berücksichtigt werden, dass gemeinsames wesentliches Merkmal aller Lernprozesse die Erfahrungsbildung ist. Im Zuge der Auseinandersetzung mit der Umwelt kommt es zur Bildung von Erfahrungen, die in Zukunft neue Aktivitäten beeinflussen. Sowohl der Zuwachs an Fertigkeiten und Kenntnissen, als auch die Veränderung von Gewohnheiten, Einstellungen und Motiven wurde intendiert. Um dieses Ziel zu erreichen, erschien eine die Teilnehmenden aktiv mit einbeziehende Tagungsdidaktik unerlässlich.

Diese wurde mit folgenden Elementen umgesetzt:

Eine Anmeldung war, ganz im Sinne eines konsequenten Gender Mainstreaming, nur paarweise möglich, d.h. ein Mann und eine Frau konnten sich nur gemeinsam anmelden. Diese gemeinsame Anmeldung verpflichtete nicht zum Besuch derselben Angebote. Ziel dieser Vorgehensweise war u.a. die geschlechterparitätische Vergabe der Teilnahmeplätze: Gender Mainstreaming betrifft alle und funktioniert nur mit allen, Genderkompetenz nur von Frauen zu erwarten, ist inkonsequent und widerspricht der Strategie des Gender Mainstreaming.

Eingeladen wurden bundesweit alle Präsidenten und Präsidentinnen, Vizepräsidenten und Vizepräsidentinnen, Rektoren und Rektorinnen,

Prorektoren und Prorektorinnen, Kanzler und Kanzlerinnen, Dezernenten und Dezernentinnen, Dekane und Dekaninnen, Gleichstellungsbeauftragte, alle interessierten Professoren und Professorinnen sowie Leitungen von Forschungseinrichtungen.

Das Gendertraining war exklusiv für die Leitungsebene reserviert: anmelden konnten sich nur Mitglieder der Hochschulleitungen, Dezernenten und Dezernentinnen sowie die Leitungen von Forschungseinrichtungen. Die Teilnahme war ebenfalls nur paarweise möglich.

Bereits die Tagungseröffnung sollte nach einer kurzen Begrüßung mit dem Einbezug aller Teilnehmenden beginnen – also eine spannende inhaltliche Einführung mit aktiver, auch emotionaler Beteiligung aller Teilnehmenden gewährleisten.
Die Offene Parlamentarische Debatte erschien hier als das Format der Wahl.
Eine solche Debatte kommt den Bedürfnissen der Teilnehmenden nach inhaltlicher Einstimmung, Interessenartikulation und Unterhaltung entgegen und bringt dadurch erwartbar einen enormen Rationalitätsgewinn für die weitere Bearbeitung des Themas mit sich.

Die Struktur der Debatte greift die Bedenken der Teilnehmenden auf. Sie werden nicht übergangen, sondern artikuliert. Die Teilnehmenden erhalten eine Antwort auf die Frage: „Warum genau ist es sinnvoll, dass ich meine Zeit auf dieser Tagung verbringe?" Vor- und Nachteile eines Themas – hier Gender Mainstreaming in der Hochschule – können konzentriert dargestellt, strittige Punkte besprochen und unstrittige festgehalten werden. Die klaren Debattierregeln, z.B. die begrenzten Redezeiten von 1 bis 3 Minuten (je nach Redner/in und Anzahl der Debattanten/innen) oder die festgelegte Reihenfolge der Redner/innen und deren strenge Einhaltung - bei Redezeitüberschreitung wird abgebimmelt – machen dies möglich[7]. Droht ein/e Debattant/in ausschweifend zu werden oder ins Irrelevante abzugleiten, fordert die Gegenseite oder das Publikum (lautstark) die nötigen Aussagen ein. Zwischenrufe sind stets erlaubt.[8]

---

[7] Dies ist gerade bei der hier vorliegenden Teilnehmendenstruktur besonders wichtig. Wer die Wirklichkeit der Hochschule und der dort geführten Diskussionen auf Tagungen und in Gremien kennt, weiß um die Neigung vieler Hochschullehrenden zu weit ausholenden und vom eigentlichen Thema wegführenden Monologen.
[8] Unter http://opd.streitkultur.net/sk_opd_regeln.htm steht ein Download zum Regelwerk zur Offenen Parlamentarischen Debatte zur Verfügung.

Als Besonderheit sollte bei der Tagung *gender konsequent* das Publikum nach Geschlechtern getrennt sitzen, um die Frage: Welcher Beitrag kommt aus welcher „Ecke"? bereits räumlich abzubilden.

Weiterhin ausschlaggebend für die erfolgreiche Durchführung einer solchen Debatte ist zum einen die Formulierung des Themas als Entscheidungsfrage, zum anderen die Vorbereitung der Debattanten/innen und Leitung der Debatte durch professionelle „Debatten-Trainer".

Für die Tagung *gender konsequent* wurde das Debattenthema: „Brauchen wir Gender Mainstreaming?" formuliert und Mitarbeiter des Vereins „Streitkultur" (Hochschuldebattierclub, Tübingen)[9] engagiert.

Um sowohl die erarbeiteten Inhalte, als auch die Teilnehmenden aus den verschiedenen Arbeitsgruppen und dem Gendertraining besser wieder zusammenführen zu können, sollte ein „Reporter-Team"[10] mit der Videokamera Eindrücke aus den Arbeitsgruppen und dem Training sammeln und in den Pausen die Teilnehmenden interviewen. Das so gewonnene Material sollte dann zu einem „Kurzfilm" zusammengestellt und als Zusammenfassung der ersten Tagungseindrücke und als Einstimmung auf die geplante Talkrunde am ersten Abend eingespielt werden. Wesentliche Sequenzen der Talkrunde und des Geschehens am zweiten Tagungstag sollten dieses Material zu einer Video-Reportage ergänzen, die die abschließende Bilanzrunde begleiten sollte.

Mit Bedacht wurde hier für eine erste das Thema zusammenfassende und wieder öffnende Diskussion zum Tagesausklang nicht das „übliche" Setting der Podiumsdiskussion gewählt, sondern das einer Talkrunde. Eine solche Talkrunde sollte möglichst „hochkarätig" besetzt sein, nicht mehr als vier Teilnehmende aufweisen und gut moderiert sein. So kann eine lebhafte, inhaltlich spannende und aussagekräftige, vielleicht sogar verbindliche Diskussion stattfinden; im Gegensatz zu dem häufig anzutreffenden Aneinanderreihen vorbereiteter Statements auf den meist zu voll und falsch besetzten Podien.

Für die Tagung *gender konsequent* konnte der damalige Präsident der Hochschulrektorenkonferenz, Prof. Dr. KLAUS LANDFRIED, und die Präsi-

---

[9] Nähere Informationen zum Verein Streitkultur e.V. und dessen Angeboten unter http://www.streitkultur.net/ .Ausdrücklicher Dank für seine Kooperationsbereitschaft gilt an dieser Stelle KARSTEN STÖLZGEN.

[10] Zwei geschulte HiWis bildeten unser Reporter-Team: ein Mann, eine Frau, vorbereitete Fragen, Kenntnisse und Fähigkeiten in der Interviewtechnik, dem Videofilmen und der Bearbeitung der Videoaufnahmen am PC-Schnittplatz.

dentin der Internationalen Frauenuniversität, Prof. Dr. AYLA NEUSEL, als Teilnehmende gewonnen werden, für die Moderation Frau Dr. CAROLINE CORNELIUS[11].

Im Folgenden ist das ursprüngliche Tagungsprogramm aufgeführt.

gender konsequent Tagungsprogramm[12]
Tagungsmoderation: Dr. Christiane Borchard

	Freitag 30. Mai 2003
8.30	**Öffnung des Tagungsbüros**
9.30	• **Empfang und Begrüßung** durch den Präsidenten der TU Braunschweig, **Prof. Dr. Jochen Litterst**, die Frauenbeauftragte der TU, **Brigitte Doetsch**, den Niedersächsischen Minister für Wissenschaft und Kultur, **Thomas Oppermann**
10.00 – 11.00	• **Eröffnungsdebatte nach Art der englischen „houses of parliament" – Brauchen wir Gender Mainstreaming?** Moderation: Verein Streitkultur e.V. Tübingen (Hochschuldebattierclub)
11.00 – 13.00	• **Vortrag A mit Diskussion** „Gender Mainstreaming – den Ausdruck kenne ich nicht!" **Dr. Barbara Stiegler**, Friedrich-Ebert-Stiftung, Bonn • **Vortrag B mit Diskussion** „Qualifikations- und Kreativitätspotenziale von Frauen zur Qualitätssteigerung von Wissenschaft und Hochschule – ETAN Bericht" **Prof. Dr. Mineke Bosch**, Centrum voor Gender en Diversiteit, Universiteit Maastricht
13.00 – 14.00	• **Pause:** Lunch

---

[11] http://www.caro-online.com/
[12] Sowohl für die Öffentlichkeitsarbeit, als auch für die Einladung und Anmeldekarte wurden von Annette Szendera und Anke Erdmann ein logo, Briefpapier und ein Flyer mit dem Tagungsprogramm entwickelt.

14.00 – 17.30	• **Arbeitsgruppen** Ideen zu Ansatz- und Einsatzmöglichkeiten von Gender Mainstreaming für den eigenen Arbeits-/Zuständigkeitsbereich mit Expertinnen entwickeln:			**Gendertraining für Hochschulleitungen und Leitungen von Forschungseinrichtungen** **Modul 1** 14.00 – 17.30 Trainerpaar: **Angelika Blickhäuser** und **Henning von Bargen**, Heinrich-Böll-Stiftung, Berlin
	AG 1 Was hat „Gender" mit Forschung in Naturwissenschaft und Technik zu tun? **Dr. Sybille Krummacher** Forschungszentrum Jülich	**AG 2** „Gender" in der Hochschullehre – Wissensvermittlung und Geschlechterkonstruktion in der Hochschule **Dr. Agnes Senganata Münst**, PH Karlsruhe	**AG 3** Genderstudies – interdisziplinär, international **Prof. Dr. Bozena Choluj**, Europa Universität Viadrina, Frankfurt/Oder	
17.30 – 18.30	• **Imbiss** und **Video-Präsentation** der ersten Tagungseindrücke			
18.30 – 20.00	• **Talkrunde** mit **Prof. Dr. Klaus Landfried** (Präsident der Hochschulrektorenkonferenz HRK), **Prof. Dr. Ayla Neusel** (Präsidentin der internationalen Frauenuniversität *ifu*, W.I.T.), Moderation: **Dr. Caroline Cornelius** („Caro Line": Moderation, Training, Coaching online und offline)			
	Abendprogramm			

Samstag 31. Mai 2003		

9.00 – 10.30	• **Präsentation der Ergebnisse aus den 3 AGs**
	  - Gender und Forschung
	  - Gender und Hochschullehre
	  - Genderstudies
		Gendertraining für Hochschulleitungen und Leitungen von Forschungseinrichtungen
		
		Modul 2
		9.00 – 12.00
		
		Trainerpaar:
		Angelika Blickhäuser und Henning von Bargen, Heinrich-Böll-Stiftung, Berlin

10.30 – 11.00	• **Kaffepause**	
11.00 – 12.00	• **Vortrag C mit Diskussion** „Gender Mainstreaming" in der Personal- und Organisationsentwicklung von Hochschulen" **Prof. Dr. Ada Pellert** (Vizerektorin der Universität Graz)	
12.00 – 13.30	• **Bilanzrunde mit Video-Reportage,** Moderation: **Prof. Dr. Karl Neumann**, TU Braunschweig • **Imbiss** und **Tagungsausklang**	

1.2 Entwicklung der Anmeldungen

Insgesamt wurden bundesweit knapp 4000 Einladungen verschickt. Dafür konnten Verteiler der HRK, der Forschungszentren wie z.B. der Fraunhofer- oder Max-Planck-Institute und verschiedener Frauennetzwerke genutzt werden. Ebenso wurde von den Projektmitarbeiterinnen persönlich auf einschlägigen Veranstaltungen für die Tagung geworben. Ein Hinweis auf die Tagung und die Internetadresse des Projektes[13] war in allen einschlägigen Internet-Ankündigungen und Newslettern wie z.B. denen des CEWS (CENTER OF EXELLENCE WOMEN AND SCIENCE), der BUKOF

---

[13] www.tu-bs.de/genderkonsequent

(BUNDESKONFERENZ DER FRAUENBEAUFTRAGTEN UND GLEICHSTELLUNGSBEAUFTRAGTEN AN HOCHSCHULEN), des CIWM (CENTER FÜR INFORMATIONS- UND WISSENSMANAGEMENT der Landeskonferenz Niedersächsischer Hochschulfrauenbeauftragten) oder der HRK (HOCHSCHULREKTORENKONFERENZ) – um nur einige zu nennen – zu finden, außerdem mit Weiteren verlinkt[14]. Das Projekt der Tagung war damit auch im Netz präsent.

Bis Ende März 2003 hatten sich 8 Paare, also 16 Personen für die Tagung am 30. und 31. Mai 2003 angemeldet.

U.a. als zusätzliche Werbemaßnahme wurde bereits zu diesem Zeitpunkt (Anfang April 2003) mit Hilfe eines Online Fragebogens eine empirische Begleitforschung zur Tagung durchgeführt (s. Beitrag BORCHARD S. 111ff. in diesem Band).

Diese neuerliche Erinnerung brachte – neben inhaltlich interessanten Ergebnissen – die Anmeldung 7 weiterer Paare. Das Gendertraining war zu dieser Zeit bereits ausgebucht.

Mit den nunmehr verbindlich angemeldeten 30 Personen war jedoch erst die Hälfte der für die erfolgreiche Durchführung des o.g. Tagungsprogramms mindestens erforderlichen Teilnehmendenanzahl erreicht. Nach Rücksprache mit der zuständigen Referentin des Niedersächsischen Ministeriums für Wissenschaft und Kultur wurde deswegen das Tagungsprogramm auf die Dauer eines Tages gekürzt und auch Einzelpersonen die Möglichkeit zur Anmeldung gegeben.

Knapp 50 Personen (inkl. Referent/innen) setzten sich mit den Chancen und Grenzen von Gender Mainstreaming in der Hochschulentwicklung angeregt auseinander und nahmen wichtige Impulse und umsetzbare Infor-

---

[14] Z.B.: Gender Mainstreaming in der EU (mit weiteren Links) http://europa.eu.int/comm/employment_social/equ_opp/index_de.htm; GeM - Koordinationsstelle Gender Mainstreaming im ESF Österreich http://www.gem.or.at; Gender Mainstreaming: Website der Bundesregierung http://www.gender-mainstreaming.net; TOTAL E-QUALITY Deutschland e.V. http://www.total-e-quality.de/; Total E-Quality-Science http://www.total-e-quality-science.de/; Prof. Dr. TERESA REES: Gender Mainstreaming. Universität Cardiff, Wales, Großbritannien http://www.frauen-aktiv.de/13/seite3.htm; Dr. EDITH KIRSCH-AUWÄRTER: Gender Mainstreaming als neues Steuerungsinstrument? Versuch einer Standortbestimmung http://www.gwdg.de/~uzprfb/; Dokumente zum download (ETAN Bericht, Bericht der "Helsinki-Gruppe", Bericht über Wissenschaftlerinnen in der Industrie, Zusammenfassung der Gender Impact Studies) http://www.cordis.lu/improving/women/documents.htm

mationen zur Weiterführung des Prozesse am eigenen Hochschulstandort mit nach Hause (vgl. DOETSCH S. 123ff. in diesem Band).

Die „Funktionen" der Teilnehmenden verdeutlichen, dass das Ziel der Tagung, entsprechend dem top-down-Prinzip Personal der Leitungsebenen von Hochschulen und Forschungseinrichtungen zu informieren und zu qualifizieren, erreicht wurde, wenn auch in sehr viel geringer Anzahl als ursprünglich vorgesehen.

„Funktionen" der Teilnehmenden insgesamt

Funktionen
Vizepräsident, Vizepräsident, Vizepräsident, Vizepräsident, Vizepräsident (5)
Prorektorin, Prorektor, Prorektor, Prorektorin (4)
Kanzler, Kanzler, Kanzler, Kanzler, Kanzler (5)
Professor, Professorin, Dekan (Professor), Professor (4)
Sonstige: Vorstand für Wirtschaftsführung und Administration, GSB, Ministerialreferentin, IAF-Leiter, Forschungsbeauftragter, Leiterin der KOOP. Hochschulen-Gewerkschaften, Referatsleitung, Dezernentin Personal und Rechtsangelegenheiten, Verwaltungsdirektor (9)
Frauenbeauftragte, Gleichstellungsbeauftragte, Frauenbeauftragte, Stellv. Gleichstellungsbeauftragte, Frauenbeauftragte, Frauenbeauftragte, Leiterin des Frauenbüros, Frauenbeauftragte, Gleichstellungsbeauftragte, Gleichstellungsbeauftragte (10)
WiMi, WiMi, WiMi, WiMi, WiMi, (5)
Gendertrainer, Gendertrainerin, Referentin, Referentin, Referentin, Referentin (6)

Dies gilt insbesondere für das Gendertraining:

„Funktionen" der Teilnehmenden am Gendertraining

Männer	Frauen
Vorstand für Wirtschaftsführung und Administration	Frauenbeauftragte
Verwaltungsdirektor	Frauenbeauftragte
Kanzler	Gleichstellungsbeauftragte
Prorektor	GSB
Kanzler	Stabsstelle Gleichstellung
Vizepräsident	Leiterin des Frauenbüros
Prorektor	Prorektorin
IAF-Leiter, Forschungsbeauftragter	Prorektorin
Vizepräsident	Frauenbeauftragte

1.3 Durchgeführtes Tagungsprogramm

Das unter 1.1 beschriebene Tagungsprogramm wurde wie folgt geändert und schließlich auch durchgeführt.

gender konsequent Tagungsprogramm
Tagungsmoderation: Dr. Christiane Borchard

Freitag 30. Mai 2003		
8.30	• Öffnung des Tagungsbüros	
9.30	• **Eröffnung und Begrüßung** durch den Vize-Präsidenten der TU Braunschweig, **Prof. Berthold Burkhardt**, die Frauenbeauftragte der TU, **Brigitte Doetsch**, Frau Ministerialrätin **Dr. Barbara Hartung**, Niedersächsisches Ministerium für Wissenschaft und Kultur	
10.00 – 11.00	• **Vortrag A mit Diskussion** „Gender Mainstreaming – den Ausdruck kenne ich nicht!" **Dr. Barbara Stiegler**, Friedrich-Ebert-Stiftung, Bonn	
11.00 – 11.30	• Kaffeepause	
11.30 – 13.00	• **Vortrag B mit Diskussion** „The implementation of the gender mainstreaming concept into the European research policies between 1999 and 2003" **Prof. Dr. Mineke Bosch**, Centrum voor Gender en Diversiteit, Universiteit Maastricht	11.00 – 18.00 **Gendertraining für Hochschulleitungen und Leitungen von Forschungseinrichtungen**
13.00 – 14.00	• Mittagessen	

14.00 – 18.00	• **Arbeitsgruppen** Ideen zu Ansatz- und Einsatzmöglichkeiten von Gender Mainstreaming für den eigenen Arbeits-/Zuständigkeitsbereich mit Expertinnen entwickeln:		**Gendertraining**
ca. 15.30 Kaffeepause	**AG 1** „Gender" in der Hochschullehre – Wissensvermittlung und Geschlechterkonstruktion in der Hochschule **Dr. Agnes Senganata Münst**, PH Karlsruhe	**AG 2** Genderstudies – interdisziplinär, international **Prof. Dr. Bozena Choluj**, Europa Universität Viadrina, Frankfurt/Oder	
18.15 – 20.00	• **Bilanzrunde mit Video-Reportage,** Moderation: **Prof. Dr. Karl Neumann**, TU Braunschweig, **Imbiss und Tagungsausklang**		

Barbara Stiegler

2. „Gender Mainstreaming – den Ausdruck kenne ich nicht"

2.1 Was ist Gender Mainstreaming?

Wer Gender Mainstreaming verstehen will, muss sich die Wurzeln des Konzeptes anschauen. Sie liegen in der internationalen Frauenbewegung und ihren leidvollen Erfahrungen mit der mangelhaften Durchsetzung von Forderungen an die Regierungen und Institutionen. In den ersten drei Weltfrauenkonferenzen wurden jeweils Empfehlungen für die Verbesserung der Lage der Frauen formuliert und in Dokumenten verabschiedet. Die nationalen Regierungen verpflichteten sich zwar, diesen Empfehlungen zu folgen. In den folgenden Konferenzen auf internationaler Ebene wurde jedoch immer wieder deutlich, dass diese bloße Selbstverpflichtung der Regierungen keine Erfolge zeigt und sich die Lage der Frauen kaum verbesserte. Es kam zu Diskussionen darüber, wie eine weltweite Frauenpolitik aus der Position der Bittstellerin an die Regierungen herauskommen kann und wie die Forderungen wirksamer umgesetzt werden können. *1995 auf der 4. Weltfrauenkonferenz in Peking erhielt die neue Strategie mit Gender Mainstreaming ihren Namen* und wurde in den Dokumenten verankert. Im Kontext der Weltfrauenpolitik bedeutet Gender Mainstreaming, dass die Regierungen die Frauenpolitik nicht nur einem Frauenministerium überlassen, sondern in allen Politikbereichen nachprüfen, welche Auswirkungen ihre Politik für die Situation von Frauen und von Männern hat. Jede politische Maßnahme soll daraufhin analysiert werden, ob und in welcher Weise sie die spezifischen Lebenssituationen von Frauen verbessert, verschlechtert oder so belässt, wie sie ist. Die geschlechterpolitischen Zielsetzungen der Regierungen werden also für alle Politikbereiche verbindlich, und man verabschiedet sich von der Vorstellung, dass es geschlechtsneutrale Politikbereiche und Politikformen geben könnte.

Damit war für die weltweite Frauenpolitik das vollzogen, was NGO`s im Bereich der Entwicklungszusammenarbeit schon früher durchgesetzt hatten: Der „Gender-Ansatz" in diesem Bereich sollte zu einer Vertiefung des „Empowerment" führen: Während Empowerment auf einen Zugewinn an Gestaltungsmacht für Frauen zielte, führt der „Gender Ansatz" zu einer durchgängigen Berücksichtigung der Geschlechterperspektive in allen Politikbereichen. Im Bereich der Entwicklungspolitik gibt es langjährige Erfahrungen zum Gender Mainstreaming, die sich auch auf die breite Anwendung im Regierungshandeln übertragen lassen.

Die europäische Union hat sich, aufgrund der Frauenlobby und der Tradition ihrer skandinavischen Mitgliedsstaaten, in den internationalen Konferenzen stark für das Gender Mainstreaming Prinzip eingesetzt: Auf europäischer Ebene hatten die Frauen bereits 1993 bei der Reform der EU-Strukturfonds eine Zielvorgabe „Chancengleichheit für Frauen und Männer" durchsetzen können. Damit war erstmals in Europa in einem „allgemeinen" Förderkonzept das Ziel der Chancengleichheit verankert. Im Vierten Aktionsprogramm zur Chancengleichheit 1995 wurde dann die Strategie des Mainstreaming beschrieben. Damit war der Anspruch formuliert, dass das, was im EU-Strukturfond gelungen war, in der gesamten europäischen Politik Realität werden soll: Die Geschlechterverhältnisse sollten in jeder politischen Konzeption berücksichtigt werden. *Eine weitere Bekräftigung erfuhr das Gender Mainstreaming Prinzip im Amsterdamer Vertrag.* In diesem Vertrag kamen alle Staaten der Europäischen Union überein, das Gender Mainstreaming Prinzip bei ihrer Politik anzuwenden: Alle Maßnahmen der gemeinsamen Politik stehen unter der Zielsetzung, die Ungleichheiten der Geschlechter zu beseitigen. Um diese Gleichstellungspolitik voranzutreiben, hat die Kommission im Juni 2000 eine Rahmenstrategie der Gemeinschaft zur Förderung der Gleichstellung von Frauen und Männern beschlossen. Dabei handelt es sich um eine umfassende Strategie, die sämtliche Gemeinschaftspolitiken und sämtliche Kommissionsdienststellen einbezieht. Sowohl für das Jahr 2001 als auch für das Jahr 2002 hat die Kommission ein gleichstellungspolitisches Jahresarbeitsprogramm verabschiedet (EUROPÄISCHE GEMEINSCHAFTEN 2001).

Auch in der Bundesrepublik ist der Gedanke nicht neu, Frauenpolitik als Querschnittsaufgabe zu betrachten. Die Umsetzung dieser Idee in die Organisation politischer Entscheidungsprozesse lässt jedoch zu wünschen übrig: In der Regel gibt es eine zuständige Stelle (Frauenministerium, Gleichstellungsstelle), die Frauenpolitik formuliert und frauenspezifische Forderungen und Maßnahmen entwickelt. Diese Stelle trägt ihre Ergebnisse dann an die „anderen" Politikfelder heran, mit dem Anspruch, dass diese Vorstellungen in den anderen Politikfeldern aufgegriffen und umgesetzt werden. Dabei liegt es immer an der Stärke der jeweiligen Frauen und ihrer organisatorischen Macht, inwieweit ihre Forderungen gehört und umgesetzt werden. Bei dieser Organisation der Entscheidungsprozesse verbleiben die Frauen oft in der Rolle der Bittstellerinnen oder derer, die moralische Appelle abgeben.

Gender Mainstreaming kann zu einer innovativen Strategie der Geschlechterpolitik in Organisationen werden. Da die meisten Organisationen (geschlechts-) hierarchisch strukturiert sind und ihre politischen Konzepte und Dienstleistungen bislang geschlechtsneutral erscheinen, bedeutet die Einführung von Gender Mainstreaming eine radikale Veränderung. Definition dieses Prinzips

„Gender Mainstreaming besteht in der Reorganisation, Verbesserung, Entwicklung und Evaluation von Entscheidungsprozessen in allen Politikbereichen und Arbeitsbereichen einer Organisation. Das Ziel von Gender Mainstreaming ist es, in alle Entscheidungsprozesse die Perspektive des Geschlechterverhältnisses einzubeziehen und alle Entscheidungsprozesse für die Gleichstellung der Geschlechter nutzbar zu machen."

Wenn man Entscheidungsprozesse in (politischen) Organisationen mit dem Flechten eines Zopfes vergleicht, so werden bisher die Zöpfe mit den Strängen **Sachgerechtigkeit, Machbarkeit** und **Kosten** geflochten. Wenn überhaupt, wurde zum Schluss die Frage gestellt, in welcher Weise Frauen betroffen sein könnten. Der fertige Zopf wurde also noch am Ende mit einer kleinen Schleife versehen. Gender Mainstreaming bedeutet, bleibt man in diesem Bild, dass die Frage der **Geschlechterverhältnisse** einer der wesentlichen Stränge des Zopfes selber ist, der durchgeflochten wird und die Entscheidungen von Anfang an prägt.

Die Bundesrepublik Deutschland hat sich in ihrer nationalen Politik ebenfalls verpflichtet, das Prinzip einzuführen. Auf der Ebene der Bundesregierung gibt es eine Reihe von Projekten, auf Länderebene teilweise Konzepte und erste Erfolge. Auch einige Kommunen haben damit begonnen, Gender Mainstreaming umzusetzen. Doch nicht nur staatliche Ebenen, auch zivilgesellschaftliche Organisationen wie Gewerkschaften, Stiftungen oder Weiterbildungseinrichtungen beginnen mit der Anwendung des Konzeptes.

2.2 Warum soll Gender Mainstreaming umgesetzt werden?

Gender Mainstreaming kann aufgrund von rechtlichen und politischen Vorgaben, Mittelbindungen oder aufgrund von Selbstverpflichtung verbindlich werden.

2.2.1 Rechtliche und politische Vorgaben

Rechtliche Grundlagen für die Einführung des Prinzips Gender Mainstreaming gibt es auf europäischer und nationaler Ebene. *Artikel 3 Abs. 2 Grundgesetz* enthält die Staatszielbestimmungen mit zwei Aufgabenbereichen: Der Staat muss sich aktiv um die tatsächliche Durchsetzung der Gleichberechtigung und um die Beseitigung bestehender Nachteile bemühen. Dieses Ziel gilt für die Gesetzgebung, die Verwaltung und die Rechtssprechung. Es richtet sich an alle staatlichen Ebenen, also an Bund, Länder und Kommunen.

Mit *Inkrafttreten des Amsterdamer Vertrages am 1. Mai 1999* sind die Mitgliedsstaaten verpflichtet, nach Artikel 2 und Artikel 3 Abs. 2 des EG-Vertrages, eine aktive und integrierte Gleichstellungspolitik im Sinne des Gender Mainstreaming zu betreiben, und zwar in allen Gemeinschaftspolitiken, insbesondere in der gemeinschaftlichen europäischen Arbeitsmarkt- und Beschäftigungspolitik.

In der Charta der Grundrechte der Europäischen Union, Artikel 23 verpflichten sich die Staaten zur Anwendung des Gender Mainstreaming Prinzips.

In der Bundesrepublik Deutschland ist Gender Mainstreaming in einzelnen Gesetzen bereits als Leitprinzip verankert, so im (bereits abgelösten) Job-AQTIV-Gesetz, im Entwurf des Antidiskriminierungsgesetz zur Integration von Menschen mit Behinderungen sowie faktisch im Kinder- und Jugendhilfegesetz.

Politische Beschlüsse von Bundes- und Länderkabinetten zum Grundsatz und zur Implementierung von Gender Mainstreaming gibt es seit 1998 (Niedersachsen, Sachsen- Anhalt). Der Beschluss des Bundeskabinetts, die Gleichstellung von Frauen und Männern als durchgängiges Leitprinzip anzuerkennen, ist am 23. Juni 1999 gefallen. Diesem Beschluss folgte die Novellierung der gemeinsamen Geschäftsordnung der Bundesministerien durch Kabinettsbeschluss vom 26. Juli 2000: § 2 GGO verpflichtet alle Ressorts der Bundesregierung, den Gender Mainstreaming Ansatz bei allen politischen normgebenden und verwaltenden Maßnahmen der Bundesregierung zu berücksichtigen. Damit sind wichtige Voraussetzungen für die Implementierung des Ansatzes auf Bundesebene geschaffen.

In der letzten Zeit ist Gender Mainstreaming auch Gegenstand von Koalitionsvereinbarungen geworden, so in Rheinland Pfalz, NRW, Bremen und Berlin. Im Mai 2001 wurde von der Hauptversammlung des Deutschen Städtetages in der Resolution „Zukunft der Stadt – Stadt der Zukunft" in Leipzig beschlossen: „Zu einem bürgerorientierten Dienstleistungsverhältnis gehört aber auch, das kommunale Verwaltungshandeln darauf zu überprüfen, welche unterschiedlichen Auswirkungen es auf das Leben von Männern und Frauen hat (Gender Mainstreaming)." Im Juni 2002 hat der deutsche Städtetag das Prinzip für die eigene Arbeit verankert. Einige Stadtparlamente haben bereits entsprechende Beschlüsse gefasst (z. B. Münster, Rostock, Wiesbaden).

Dieser kurze Blick auf die rechtlichen und politischen Grundlagen für die Einführung von Gender Mainstreaming zeigt, dass die Verbindlichkeit des Prinzips auf Bundes-, Landes- und kommunaler Ebene immer mehr steigt und in immer mehr politischen Feldern Einzug hält.

Die Bundesrepublik ist im Hinblick auf die Implementierung des Prinzips kein Vorreiter. In den skandinavischen Ländern, aber auch in Großbritannien hat die Implementierung des Gender Mainstreaming seit Mitte der 80er Jahre begonnen. Schweden hat seit 1994 dieses Prinzip in das Regierungshandeln auf der nationalen, regionalen und kommunalen

Politikebene implementiert, insbesondere die Erfahrungen auf der kommunalen Ebene sind sehr vielfältig[15].

2.2.2 Mittelbindung

Neben diesen rechtlichen und politischen Vorgaben wird das Prinzip Gender Mainstreaming in dem Bereich der Internationalen Zusammenarbeit auch in der Bundesrepublik bereits seit zehn Jahren angewendet. Der Bund als Mittelgeber für *Projekte in den sogenannten Entwicklungsländern* verpflichtet die Träger und Mittelempfänger, die geschlechtsspezifischen Auswirkungen der Projektarbeit zu reflektieren. Die Durchsetzung dieses Prinzips ist einerseits ein Erfolg der internationalen Frauenbewegung, andererseits hatte auch eine Evaluation der Entwicklungshilfe vor mehr als zehn Jahren gezeigt, dass viele Projekte deswegen nicht nachhaltig wirken, weil die Geschlechterverhältnisse in den einzelnen Ländern nicht berücksichtigt worden sind. **Im Bereich der Internationalen Entwicklungsarbeit gibt es seit Jahren Gender-Trainings für MitarbeiterInnen und Instrumente zur Evaluation.**

Auch die *europäischen Strukturfonds* werden nach dem Prinzip Gender Mainstreaming verwaltet. Eine der Maßnahmen der Rahmenstrategie der Gemeinschaft zur Förderung der Gleichstellung von Frauen und Männern (2001 – 2005) ist die Forcierung des „Gender Mainstreaming" im Rahmen der Strukturfonds und der entsprechenden Gemeinschaftsinitiativen (EQUAL, Interreg, Urban und Leader) sowie die Stärkung der Kooperationsmechanismen in der Kommission zwecks Überwachung der Umsetzung des „Gender Mainstreaming" (Mitteilung der Kommission an den Rat, das Europäische Parlament, den Wirtschafts- und Sozialausschuss und den Ausschuss der Regionen KOM (2000) 335 endgültig). So ist bereits in den Bewilligungsbescheiden für **EQUAL Projekte seit 2002 die Auflage enthalten, dass alle kooperierenden Träger Gender-Trainings in der ersten Programmphase absolvieren.** Die Stellen, die mit der Kontrolle und Evaluierung der Projekte befasst sind, entwickeln immer zielgenauere Instrumente zur Kontrolle. Projektanträge werden nach der Intensität der gleichstellungspolitischen Zielsetzung in drei Kategorien eingeordnet: als gleichstellungspositiv, gleichstellungsorientiert und gleichstellungsneutral.

---

[15] vgl. STEPANEK, BRIGITTE: Gleichstellung und Kommunen. Studie zur Gleichstellungspolitik in Schweden auf kommunaler Ebene, Rostock:1999

Projekte, die als gleichstellungsneutral kategorisiert werden, fallen aus der Förderung heraus.

Es ist zu erwarten, dass bei der zunehmenden Dichte der Verbindlichkeit des Gender Mainstreaming Prinzips diese Bindung öffentlicher Mittel an die gleichstellungspolitische Zielsetzung auch in anderen Bereichen erfolgen wird. Das Bundesministerium für Bildung und Forschung hat schon seit längerem die Forschungsförderung an Gender-Auflagen gebunden. In vielen Hochschulgesetzen ist verankert, dass die Hochschulen honoriert werden, die sich für die Chancengleichheit der Geschlechter engagieren.

2.2.3 Selbstverpflichtung

Bislang gilt die gesetzliche und politische Verpflichtung zur Anwendung des Gender Mainstreaming Prinzip nur für die Ebenen staatlichen Handelns. Andere Organisationen, seien es Verbände, Vereine, Gewerkschaften oder Parteien, können durch eine Selbstverpflichtung die Verbindlichkeit herstellen. Eine Selbstverpflichtung hat z.B. die Gewerkschaft ver.di in ihrer Satzung festgelegt. Es heißt in § 5.3 Ziele: „Verwirklichung der Geschlechterdemokratie und der gleichberechtigten Teilhabe von Frauen und Männern in Betrieb, Wirtschaft, Gesellschaft und Politik, auch unter Anwendung des Gender Mainstreaming". In der SPD gibt es seit November 2001 einen Parteitagsbeschluss zur Einführung des Gender Mainstreaming. Die Heinrich-Böll-Stiftung hat die Geschlechterdemokratie als Satzungsziel verankert und bereits eine mehrjährige Erfahrung mit der Implementierung dieses Gemeinschaftsziels erworben. Viele Jugendverbände haben eine Satzungspassage, in der es um die Gleichstellung geht.

2.3 Wie wird Gender Mainstreaming eingeführt?

Gender Mainstreaming ist mit der Einführung einer neuen Blickweise in das Handeln von Organisationen verknüpft, es führt zu einer Veränderung von Entscheidungsprozessen in patriarchalen Organisationen.

Eine Organisation wird dann als patriarchal bezeichnet, wenn überwiegend Männer die entscheidenden Positionen besetzen und wenn der Mainstream, also der dominante Trend des organisatorischen Denkens und Handelns, traditionellen männlichen Denkschemata folgt. Solche Denkschemata blenden einerseits die geschlechtsgebundene Lebensrealität aus, denken z. B. bei Arbeit nur an Erwerbsarbeit und nicht an die unbezahlte Arbeit und setzen andererseits Normen als generellen Standard, die nur zu einer typisch männlichen Lebensweise und Biographie passen, z.B. der 10-Stunden-Tag als selbstverständliche Anforderung in Führungspositionen.

Gender Mainstreaming bedeutet, dass in alle Handlungen, die in der Organisation durchgeführt werden, die Geschlechterverhältnisse einbezogen werden. Eine solche Innovation kann in hierarchisch strukturierten Organisationen nur dadurch geschehen, dass *sich die Spitze einer Organisation zu diesem Verfahren bekennt und es einführen will*. Die Spitze muss nach Wegen und Formen suchen, die neue Perspektive in die alltäglichen Entscheidungsprozesse einzuführen. *Langfristiges Ziel* ist es, dass es *kein Meeting, keine Besprechung, keinen Handlungsvollzug mehr gibt, in dem nicht die Frage nach den Geschlechterverhältnissen eine Rolle spielt*.
Eine solche Veränderung einer Organisation braucht Zeit und ist als Prozess anzulegen.

Wichtig sind jedoch folgende Etappen:

- Ein Beschluss über die geschlechterpolitischen Leitlinien, die die Organisation verfolgt;
- ein Beschluss an der Spitze der Organisation, Gender Mainstreaming anzuwenden;
- ein Beschluss an der Spitze, in welcher Form die Implementierung erfolgen soll (erste Schritte, Pilotprojekte, Verantwortliche);
- ein Beschluss, mit dem die notwendigen Voraussetzungen geschaffen werden (z.B. Sensibilisierung und Qualifizierung der Mitarbeiter und Mitarbeiterinnen, organisatorische Verankerungen, Zuständigkeiten);
- ein Beschluss über die Formen, in denen der Prozess kontrolliert und evaluiert werden soll.

Wenn auch die *Einführung Top–down* erfolgen muss, bedeutet das nicht, dass eine solche Veränderung aller Entscheidungsprozesse durch eine Verordnung von oben auch realisiert werden kann. Wenn in allen Formen des organisatorischen Handelns, in allen Maßnahmen oder Regelungen, in der gesamten fachlichen Alltagsarbeit die Bezüge zu den Geschlechterverhältnissen analysiert werden sollen, so setzt das Umdenkungsprozesse *aller Beteiligten* voraus, sie *müssen Genderkompetenz erwerben*.

Zur Genderkompetenz gehört die Selbstreflexion der eigenen Geschlechterrolle, die Fähigkeit, geschlechterpolitische Zielsetzungen zu formulieren und auf die fachliche Arbeit anzuwenden, sowie die Befähigung zur Durchführung einer Gender Analyse. Dazu braucht man ein vertieftes Wissen über die Geschlechterverhältnisse. Dieses kann in Gender-Trainings, in Eigenstudium und Weiterbildungsveranstaltungen erworben werden.

Die Arbeit an der Formulierung geschlechterpolitischer Zielsetzungen darf im Gender Mainstreaming Prozess nicht unterschätzt werden. Es reicht nicht aus, sich auf die Formulierungen des Grundgesetzes zu beziehen. Ein Beispiel für eine solche Zielformulierungsarbeit findet sich in dem Projekt der Hansestadt Lübeck und der Stadt Norderstedt: Hier sind geschlechterpolitische Leitziele, strategische und operative Ziele für die Dienstleistungen einer Kommune entwickelt worden[16]:

Beispiel:

1. Leitziel:

Zugang und Nutzung von materiellen Gütern ist zwischen Frauen und Männern gleichberechtigt gewährleistet.

2. Strategisches Ziel:

50% der Mittel für Wirtschaftsförderung bekommen Frauen bzw. kommen Frauen zugute.

3. Operatives Ziel:

Bei Märkten und Veranstaltungen machen Frauen die Hälfte der AnbieterInnen aus.

Bisherige Erfahrungen mit Einführungsprozessen zeigen, dass Gender Mainstreaming nicht in einem Zug in allen Arbeitseinheiten verbindlich wird, sondern dass über *Pilotprojekte* Erfahrungen gesammelt werden[17].

---

[16] HANSESTADT LÜBECK UND STADT NORDERSTEDT: Projektsteuerung von Querschnittszielen am Beispiel der Gleichstellung von Frauen und Männern. Abschlussbericht der Hansestadt Lübeck und der Stadt Norderstedt, Lübeck: 1999.
[17] SCHWEIKERT, BIRGIT: Die Umsetzung von Gender Mainstreaming auf Bundesebene - Hintergrund, aktueller Stand und Planungen. In: Bundeszentrale für gesundheitliche Aufklärung, Forum Sexualaufklärung und Familienplanung 4-2001 Gender Mainstreaming, Köln, S. 9 – 13; FÄRBER, CHRISTINE: Gender Mainstreaming: Ein neues gleichstellungspolitisches Konzept und seine Bedeutung für den Hochschulbereich. In: Neue Wege für die Chancengleichheit?! Gender Mainstreaming und Total E-Quality.

Die Benennung einzelner MitarbeiterInnen als Genderbeauftragte scheint erst dann erfolgreich, wenn die Gendersensibilisierung und Vermittlung von Genderkompetenz bei möglichst vielen erfolgt ist: *Gender Mainstreaming bedeutet eben nicht, dass Geschlechterfragen von einigen ExpertInnen bearbeitet werden, sondern zur Arbeitsaufgabe aller gehören.* Genderbeauftragte können selbstverständlich in einem solchen Prozess Funktionen wie Beratung, Ermahnung und Hilfestellung erfüllen, **die eigentliche Verantwortung liegt jedoch bei denen, die die Verantwortung für die Facharbeit tragen.**

Die Einführung von *Gender Mainstreaming kann mit Organisationsentwicklungsprozessen verknüpft werden*: Wenn Zielsetzungen, Kontrollen, Qualitätsstandards und Evaluationen im Handeln von Organisationen eingeführt werden, lässt sich die Geschlechterperspektive einfügen[18]. Bei der Einführung von Reformprozessen bedient man sich häufig der Moderation durch ExpertInnen. Auch für die Einführung von Gender Mainstreaming gilt: Der Blick von außen, sei es in Form einer Organisationsberatung oder einer wissenschaftlichen Begleitung, fördert den Prozess. So hat zum Beispiel der Stadtrat in Wiesbaden nicht nur die Einführung von Gender Mainstreaming, sondern auch die Begleitung des Prozesses durch eine Hochschule beschlossen. Die Lernfähigkeit einer Organisation wird durch Gender Mainstreaming gesteigert, sie ist jedoch gleichzeitig auch die Voraussetzung für die Nutzung des Konzeptes.

2.4 Gender Mainstreaming als Hochschulreform: eine Vision

Gender Mainstreaming ist eine geschlechterpolitische Strategie, die die bewährten Strategien nicht etwa zunichte macht, sondern sie verstärkt, ergänzt und zur eigentlichen Wirkung bringt. Zu den bewährten geschlechterpolitischen Strategien gehören

- Die Normierung der geschlechterpolitischen Ziele;
- die Quotierung von Positionen bzw. die Frauenförderung;
- das Gender Mainstreaming als fachliche Innovation;
- die eigenständigen Strukturen und Praxen von Frauen und geschlechtsrollen-kritischen Männern.

Dokumentation der 1. Fachtagung der Landeskonferenz der Hochschulfrauenbeauftragten des Saarlandes, S. 18 – 42, 2001.
[18] (vgl. hierzu auch den Beitrag von PELLERT in diesem Band)

Im Folgenden wird die **Vision einer Hochschule** vorgestellt, die diese vier geschlechterpolitischen Strategien umsetzt.

2.4.1 Die Normierung

Im Leitbild von Hochschulen ist Chancengleichheit und Geschlechtergerechtigkeit verankert. Alle Beteiligten haben darüber einen Konsens erzielt, was dies genau für die verschiedenen Arbeitsfelder der Hochschule bedeutet. Es gibt hochschulinterne und -externe Zielvereinbarungen, in denen die Chancengleichheit verankert ist.

2.4.2 Quotierung/Frauenförderung

In allen Bereichen der Universität sind Männer und Frauen in gleichem Umfang repräsentiert. Es gibt gleich viele Studenten und Studentinnen, und zwar in allen Fachbereichen. Der Anteil von Männern und Frauen bei den Promotionen ist gleich hoch, bei den Habilitationen ebenso, und sowohl im Mittelbau als auch bei den Professuren gibt es gleich viele Männer und Frauen. Auch die Hochschulleitung wird paritätisch von Männern und Frauen ausgeübt. Es gibt gleich viele Forscher wie Forscherinnen in allen Forschungsprojekten, Gastprofessoren und Gastprofessorinnen sind in gleicher Anzahl vertreten, in allen Beiräten sitzen ebenso viele Männer wie Frauen, in allen Gremien herrscht Geschlechterparität. Ein solcher Zustand stellt sich nicht von selber her, vielmehr müssen eine Reihe von systematischen Maßnahmen immer wieder durchgeführt werden, damit diese Geschlechterparität erhalten bleibt. Dazu gehören:

- Schnupperstudien für Schülerinnen in frauenuntypischen Fachbereichen;
- Schnupperstudien für Schüler in männeruntypischen Fachbereichen;
- Mentoringprogramme für Schülerinnen, Studentinnen und Absolventinnen der Hochschulen;
- Karriereförderungsprogramme für Wissenschaftlerinnen;
- Existenzgründungsunterstützungen für Wissenschaftlerinnen;

- Vereinbarkeitsmaßnahmen für Wissenschaftler und Wissenschaftlerinnen sowie für wissenschaftsadministrative Beschäftigte der Hochschule;
- Gender Trainings für Führungskräfte.

Alle diese Maßnahmen gehören zum obligatorischen Angebot von Hochschulen.

2.4.3 Gender Mainstreaming als Veränderung der fachlichen Entscheidungen

Gender ist als Perspektive im wissenschaftlichen Mainstream aller Fachrichtungen. Die wissenschaftliche Sprache ist gendersensibel und berücksichtigt sowohl Männer als auch Frauen. Die Curricula werden laufend auf den neuesten Stand der feministischen Forschung und der Frauen- und Männerforschung gebracht.

Genderkompetenz, d.h. das Wissen um die geschlechtsspezifischen Züge des jeweiligen Faches, ist in die Vermittlung integriert und die Prüfungsordnungen berücksichtigen Genderkompetenz. Auch in die Didaktik der Hochschule sind Geschlechterperspektiven aufgenommen: So werden Studentinnen gleich behandelt mit Studenten und die Leistungs- und Fachkompetenz von Studentinnen wird nicht ignoriert, immer erwähnt und aufgewertet. Die Assoziation von Fachkompetenz und männlichem Geschlecht ist genauso selbstverständlich wie die Assoziation von Fachkompetenz und weiblichem Geschlecht.

Die Organisationskultur der Hochschule zeichnet sich dadurch aus, dass weiblich konnotierte Organisationsprinzipien die gleiche Bedeutung haben wie männlich konnotierte. Das bedeutet, dass die Betonung von Logik, Verstand, technischer Rationalität und messbaren Fakten genauso hoch ist wie die Bedeutung von Intuition, Emotion und Einfühlungsvermögen. Das bedeutet, dass Regeln durchgesetzt und eingehalten werden, zugleich aber auch immer wieder den veränderten Bedingungen angepasst werden. Das bedeutet, dass Symbole wie Pyramide, Leiter, Kette, Stab und Abteilung genauso eine Bedeutung erlangen wie die Symbole Netzwerke, Kreise, Gemeinschaft und Team. Das bedeutet, dass Hierarchie und Autonomie genauso bedeutend sind wie Gleichheit, Kooperation und Vielfalt.

Bei der Mittelvergabe wird darauf geachtet, dass Männer und Frauen gleichen Zugang zu allen Ressourcen bekommen. Ob es um Reisekostenzuschüsse geht, um die Verteilung universitärer Mittel für Druckkosten, um den Zugang zu Ressourcen wie Großgeräten oder um die bezahlte und unbezahlte Lehre, in all diesen Dimensionen wurde eine Genderanalyse durchgeführt und die Ressourcen stehen beiden Geschlechtern in gleichem Umfang zur Verfügung.

2.4.4 Eigenständige Strukturen und Praxen von Frauen und geschlechtsrollen-kritischen Männern

Es gibt Professuren für Frauenforschung und für Männerforschung. Es stehen Orte des Austauschs sowohl für Frauen als auch für Männer in der Lehre zur Verfügung. Die Arbeit des Gleichstellungsbüros hat sich gewandelt, besteht aber nach wie vor insbesondere in der Controllingfunktion. Forschungsprojekte zu Frauen- und Männerfragen werden institutionell gefördert.

2.5 Was ist eine Gender Analyse?

Eine Hochschule, wie sie in der Vision gezeichnet ist, gibt es nicht. Die beschriebenen Maßnahmen sind allerdings auch nicht aus der Luft gegriffen. Jeweils einzelne von ihnen finden sich bereits heute an unterschiedlichen Hochschulen. Die Maßnahmen, die unter Quotierung und Frauenförderung genannt sind, sind verbreiteter als diejenigen, die eine Umsetzung von Gender Mainstreaming bedeuten.

Gender Mainstreaming als Top-down-Strategie bedeutet, dass gleichstellungspolitische Ziele in allen Bereichen systematisch reflektiert und kontrolliert werden. Die integrative Behandlung von Gleichstellungszielen bedeutet, dass *Gender Mainstreaming mit den neuen Steuerungsinstrumenten verbunden werden muss: Globalhaushalte, Zielvereinbarungen, Leistungsindikatoren und Anreizsysteme sind Instrumente, in denen geschlechtsspezifische Perspektiven entwickelt und umgesetzt werden müssen.* In all diesen Bereichen sind Genderanalysen anzustellen.

Eine wichtige Komponente der Gender Kompetenz ist die Befähigung, eine Gender Analyse durchzuführen. Gender Mainstreaming Prozesse erschöpfen sich nicht darin, dass eine Checkliste ausgefüllt wird, in der die Genderrelevanz einer Entscheidung in Form einer Ja-Nein Antwort abgefragt wird. Eine Gender Analyse setzt ein angemessenes Verständnis von Gender voraus und erfordert Wissen über Geschlechterverhältnisse.

Eine Gender Analyse kann sich auf theoretische Diskurse, auf eine politische Agenda, auf einen Haushalt, ein Budget oder auch auf eine spezielle Maßnahme beziehen. Sie kann in jedem Themenfeld durchgeführt werden. Eine Gender Analyse erfolgt in mehreren Schritten:

- Klärung des Gender Ansatzes und Formulierung der geschlechterpolitischen Zielsetzung
- Sammlung geschlechtersensibler Befunde
- Formulierung geschlechtersensibler Problemstellungen
- Vorläufige Schlussfolgerungen

Eine Gender Analyse gründet sich auf der Einsicht, dass Geschlecht nicht nur eine biologische Eigenschaft eines Menschen ist, sondern ein soziales Institut, ein Konstrukt, mit dem die soziale Ordnung vereinfacht und hierarchisiert wird. Eine Gender Analyse fragt nicht nur, was Individuen, die als Frauen oder Männer geschlechtlich zugeordnet sind, denken, sagen oder tun, sondern eine Gender Analyse hat eine erweiterte Perspektive: Sie fragt danach, in welcher Weise das duale und hierarchische Geschlechterkonstrukt das Feld strukturiert, um das es jeweils geht.

In einer Gender Analyse geht es vor allem darum zu erforschen, welche strukturellen Bedingungen dazu führen, dass die mögliche Vielfalt der Individuen durch die Einfalt des Geschlechterkonstrukts beschränkt wird. Über die Zuordnung nach dem „sex" werden spezifische Lebensentwürfe, Berufe, Interessen und sozialer Status gemäß der geschlechtlichen Zuordnung produziert, die die Vielfalt der Entwicklungsmöglichkeiten der einzelnen Person einschränken und gleichzeitig zu hierarchisch bewerteten Positionszuweisungen führen.

Über das Geschlecht wird Frauen der weniger hoch bewertete Teil von Arbeit, weniger materielle Verfügungsgewalt, weniger gesellschaftlicher Einfluss zugewiesen, während über das Geschlecht Männern der besser bewertete Teil der Arbeit, mehr materielle Verfügungsgewalt und mehr gesellschaftlicher Einfluss zukommt. Wenn die strukturellen Bedingungen für diese hierarchischen Geschlechterverhältnisse, also das Zusammenspiel der Gender Normen für Männer und Frauen anvisiert werden, so hat das auch politische Konsequenzen. Diese Konsequenzen beziehen sich dann eben nicht nur darauf, Frauen zu empfehlen, sich durchzusetzen und die ihnen gestellten Geschlechterbarrieren aus eigener Kraft zu überwinden. Sie bestehen auch nicht nur daraus, den Männern zu empfehlen, zugunsten der Frauen zu verzichten und die Privilegien aufgrund ihres Geschlechtes freiwillig aufzugeben. Vielmehr *geht es um das Aufspüren der strukturellen Verankerungen von beidem, der Diskriminierung und der Privilegierung.* Gender Analysen legen den Blick auf die Bedingungen, die überhaupt erst dazu führen, dass sich die geschlechtshierarchischen Verhältnisse immer wieder herstellen. Diese Bedingungen gilt es dann zu verändern. Die Veränderungen können aber nur dann gelingen, wenn es zur geschlechterpolitischen Zielsetzung wird, die Vielfalt der Entwicklung von als Männern und Frauen kategorisierten Individuen überhaupt zuzulassen. Die *Klärung des Genderbegriffs* ist deswegen von zentraler Bedeutung für jede Gender Analyse. Geschlechterkonzepte, die Geschlecht als je individuelles, biologisch verankertes Merkmal begreifen, legitimieren die Geschlechterdifferenzen und halten sie für politisch nicht veränderbar, sie können keine Gender Analyse leiten. Wer allerdings Geschlecht nicht als eindimensionales Konzept versteht und die Brüche von sex, sexuality und gender wahrnimmt, wer nicht von der gesellschaftlichen Passung biologischer Unterschiede zwischen einzelnen Personen ausgeht, sondern die gesellschaftliche Konstruktion von Geschlecht verstehen will, und wer Hierarchisierungen kritisch gegenübersteht, für den werden geschlechtsspezifische Differenzen zum politischen Problem.

Die Gender Perspektive eignet sich dazu, die geschlechtsspezifischen Zuweisungen für Frauen und für Männer zu erkennen und zu kritisieren, sie kann deshalb auch nicht zur Vertuschung von Diskriminierungen missbraucht werden. Eine Gender Analyse vermeidet es aber, die Diskriminierungen qua Geschlecht nur aus der persönlichen Betroffenheit von Frauen abzuleiten oder zu unterstellen, dass alle Frauen Geschlechterdifferenz oder Geschlechterhierarchie ablehnen. Sie vermeidet auch, alle Männer als Täter für die Unterdrückung von Frauen verantwortlich zu machen. Vielmehr geht sie vom Ansatz her davon aus, dass Personen die Möglichkeiten der Distanzierung von, aber auch der Identifizierung mit Geschlechtszuschreibungen haben.

Eine Gender Analyse macht die geschlechtshierarchischen Strukturen sichtbar. Selbst dann, wenn einzelne Personen in ihrem Lebenszusammenhang gar nicht wahrnehmen, dass sie in geschlechtsspezifisch geprägten Strukturen leben und handeln, so bedeutet das nicht, dass es solche nicht gibt. Die Tatsache, dass viele Männer und Frauen es für natürlich halten, wenn sie die geschlechtshierarchische Arbeitsteilung praktizieren, wird unter der Gender Perspektive als Indiz dafür gesehen, wie sehr gesellschaftliche und kulturelle Modelle das Selbstverständnis der Individuen prägen. *Besonders Männern ist es oft überhaupt nicht bewusst, dass ihre Lebensrealität geschlechtsspezifisch geprägt ist.* Für sie sind oft nur die Frauen diejenigen, die durch ihr Geschlecht in irgend einer Weise tangiert werden.

Zu einer Gender Analyse gehören *geschlechtsspezifische Datenerhebungen*. Dabei werden alle erhobenen Daten zunächst nach dem „sex", also nach der biologisch morphologischen Geschlechterbezeichnung des Individuums, differenziert. Diese Differenzierung nach dem Kriterium „Mann" oder „Frau" ist jedoch nicht ausreichend. Um die Frage nach den Mechanismen der Wirkungen von Geschlecht beantworten zu können, müssen bereits bei der Datenanalyse zusätzliche Merkmale, die mit der Geschlechterrolle verknüpft sind, hinzugezogen werden:
Differenzierungen der Daten nach

- Müttern und Vätern, also nach familiärer Situation, Alter und Anzahl der Kinder,
- dem Alter, also nach jungen, älteren und alten Frauen und jungen, älteren und alten Männern,
- dem Umfang der Beteiligung an Erwerbsarbeit, also nach vollzeiterwerbstätigen Frauen und vollzeiterwerbstätigen Männern,
- der eigenständigen Verfügung über finanzielle und materielle Mittel, also nach ökonomisch gut / weniger gut gesicherten Frauen, ökonomisch gut /weniger gut gesicherten Männern,
- der umgebenden Infrastruktur, also nach Frauen auf dem Lande und in der Stadt, Männer auf dem Land und in der Stadt,
- dem Gesundheitsstatus, also nach Frauen mit gesundheitlichen Beeinträchtigungen und Männern mit gesundheitlichen Beeinträchtigungen,
- der ethnischen Zugehörigkeit, also Frauen mit Migrationshintergrund und Männer mit Migrationshintergrund.

Eine solche differenzierende Erhebung beruht auf dem Wissen, dass die Lebensbedingungen von Individuen durch soziokulturelle Faktoren, die wiederum mit Geschlechterpositionen verbunden sind, geprägt sind. Gender formt keine homogenen Geschlechtergruppen, die Aussagen über

„die Männer" oder „die Frauen" sind zu pauschal und verwischen die spezifischen Unterschiede und Hierarchien zwischen spezifischen Gruppen.

In weiteren analytischen Schritten wird gefragt, wie die Mechanismen funktionieren, mit denen die geschlechtsspezifischen Differenzen und Hierarchien gebildet und aufrechterhalten werden. Dazu sind die *historischen und kulturellen Entwicklungen in den Geschlechterverhältnissen* heranzuziehen. Die Zeiten, in denen auch in den rechtlichen Kodizes das Geschlecht als Ordnungs- und Unterdrückungsfaktor wirkte und in denen Frauen nicht dasselbe durften wie die Männer (z.B. wählen oder die Universität besuchen), sind in den europäischen Ländern vorbei. Im rechtlichen Kodex sind die direkten Diskriminierungen aufgrund des Geschlechts allmählich abgebaut worden. In der gesellschaftlichen Wirklichkeit ist Gender dennoch ein gewaltiger Ordnungsfaktor geblieben, und auch ohne die rechtliche Legitimation wirkt die hierarchische Geschlechterordnung. Aber auch Normen sind weiterhin unter der Frage nach den indirekten Diskriminierungen und Privilegierungen zu untersuchen.

Gleichbehandlung kann ein geschlechterpolitisches Ziel sein, allerdings darf Geschlechterpolitik nicht einer abstrakten Formel dienen. Vielmehr müssen in vielen Fällen ungleiche Behandlungen vorgesehen werden, um Ungleichheiten abzubauen. Nur die historische und gesellschaftspolitische Betrachtung der Geschlechterverhältnisse zeigt im Einzelfall auf, was jeweils zu tun ist.

Eine Gender Analyse ist also ein Instrument, mit dem sichtbar gemacht werden kann, wie die polaren und binären Geschlechtermodelle wirken und wie die Geschlechterhierarchie hergestellt, verankert und erneuert wird. Es wird nach den geschlechtshierarchischen und differenten Strukturen gefahndet, sie werden problematisiert. Dabei stehen nicht die Frauen als benachteiligte Gruppe im Mittelpunkt, sondern die Positionen beider Geschlechter werden betrachtet, und es wird die geschlechtsspezifische Wirkung von Normen, Regeln, Strukturen und Prozessverläufen analysiert.

Gender Mainstreaming bedeutet, die konkreten Lebensverhältnisse unter der Geschlechterperspektive zu analysieren und die jeweils nach Geschlecht unterschiedliche Problematik zu spezifizieren. In vielen Fällen kommt dabei zunächst nur die bislang verborgene Seite des jeweils anderen Geschlechtes zum Vorschein: In diesem Beispiel wird auf die bislang weniger berücksichtigten Mädchen, aber gleichzeitig auch weniger berücksichtigten Väter in der Analyse geschaut. Und auch an diesem Beispiel wird deutlich, dass die geschlechterpolitische Zielsetzung notwendig ist. Gender Mainstreaming Prozesse machen deutlich, dass die traditionelle hierarchische Arbeitsteilung zwischen Vater und Mutter nicht in Ordnung ist, nach der die Mutter sich vornehmlich um die Erziehung der Kinder zu kümmern hat, während der Vater diese Aufgabe vollständig delegieren kann. Der Befund, dass Mütter in die Erziehungsberatung kommen, wird als Problem gesehen. Ebenso wird wildes und aggressives Verhalten nicht als jungengemäß und natürlich angesehen und die überproportional häufigere Vorstellung von Jungen in Erziehungsberatungsstellen nicht als Ergebnis kleiner Grenzverletzungen innerhalb der normalen Männerrolle interpretiert.

Gender Analysen brauchen verschiedene Methoden[19], es gibt nicht eine einzige, für alle Fälle brauchbare Methode. Die Beispiele haben gezeigt, dass die sachangemessene, fachlich begründete Betrachtung und Interpretation von geschlechtsbezogenen Befunden notwendig ist. Sehr weitreichend in den Zielen, aber *noch im Detail zu entwickeln, ist das Gender Budgeting*, ein Verfahren zur Aufschlüsselung der Wirkungen staatlicher Haushalte auf die Geschlechterverhältnisse[20].

2.6 Ist nun die Frauenförderung überholt?

Das Verhältnis von Frauenförderansätzen und Gender Mainstreaming muss in jeder Organisation klar bestimmt sein, wenn es nicht zu Konflikten, Resignation oder übertriebenen Hoffnungen auf Seiten der AkteurInnen kommen soll.

2.6.1 Frauen- und Gleichstellungsbeauftragte werden nicht überflüssig

Wenn Gender Mainstreaming als Erfolg der Frauenbewegung gesehen wird und ein Durchsickern der Frage nach den Geschlechterverhältnissen in den bisher geschlechtsneutral handelnden Institutionen ist, dann kann dieses Durchsickern prinzipiell nicht dazu führen, dass die bereits vorhandenen geschlechtsspezifisch denkenden und handelnden Akteurinnen, die in

---

[19] vgl. DÖGE, PETER: Geschlechterdemokratie als Männlichkeitskritik, Bielefeld: 2001
[20] SCHRATZENSTALLER, MARGIT: Gender Budgets – ein Überblick aus deutscher Perspektive. In: BOTHFELD, SILKE, GRONBACH, SIGRID, RIEDMÜLLER, BARBARA: Gender Mainstreaming – eine Innovation in der Gleichstellungspolitik, Frankfurt, S. 133 – 159, 2002

einer Organisation präsent sind, in Frage gestellt oder ausgeschaltet werden. Gender Mainstreaming soll ja zu einer Vertiefung des gleichstellungspolitischen Handelns in einer Organisation führen, nicht zu deren Verflachung.

Bei der Anwendung des Gender Mainstreaming Prinzips werden - und das ist für viele Organisationen ungewohnt - auch die Männer in die Verantwortung einbezogen. Da bislang in der Regel weder Männer in Machtpositionen, noch diejenigen, die Fachaufgaben lösen, sich für die Gestaltung der Geschlechterverhältnisse zuständig gefühlt haben, ist Gender Mainstreaming zunächst für sie etwas Neues. Für die Frauen, die bereits eine langjährige Erfahrung in diesem Bereich aufweisen, gilt das nicht. *Gleichstellungsbüros, Frauensekretariate oder Frauenbüros sind oft die einzigen Stellen, an denen Wissen über Geschlechterverhältnisse vorhanden ist.* Dieses Wissen und die dort vorhandenen Sichtweisen werden im Rahmen von Gender Mainstreaming Prozessen unverzichtbar.

Gender Mainstreaming ist die Anwendung der Geschlechterperspektive in der Facharbeit aller Akteure in den Organisationen. Damit ist nicht gemeint, dass alle Akteure und Akteurinnen nun zu Frauenpolitikern und -politikerinnen werden müssen, vielmehr geht es um die Analyse ihrer Facharbeit aus der Geschlechterperspektive. Aus dem frauenpolitischen Bereich (NGO, Frauenforschung, institutionalisierte Frauenpolitik) kommen Fragestellungen, Analysen oder Hinweise auf die besondere Betroffenheit, aber auch auf die besonderen Stärken von Frauen. In der Facharbeit gilt es dann, diese Anregungen aufzunehmen und die Gender Analyse einzubeziehen. Diejenigen, die bisher Frauenpolitik betrieben haben, werden *weiterhin Impulse geben, differenzierte Analysen und Fragestellungen entwickeln, Problemanalysen vorlegen.*

Gender Mainstreaming bedeutet die Prüfung und analytische Bearbeitung von Geschlechterfragen. Damit wird zumindest immer transparent, welche geschlechterpolitischen Zielsetzungen verfolgt werden. Gender Mainstreaming garantiert nicht, dass sich die frauenpolitische Lobby einer Richtung durchsetzt, es garantiert aber, dass die geschlechterspezifischen Implikationen deutlich gemacht werden. Damit wird das immer noch verbreitete patriarchalisch geprägte Denken, nach dem sich Männer „gnädig" den Anliegen der Frauen zuwenden, in die Frage verwandelt, welche geschlechtsspezifischen Konsequenzen die eine oder andere Maßnahme zunächst einmal hat. *Gender Mainstreaming ist* damit also kein Vehikel für die automatische Durchsetzung spezieller frauenpolitischer Interessen, aber *der erste Schritt in Richtung auf mehr Transparenz für die Handlungen von*

Verwaltungen. Die Entwicklung der konkreten frauenpolitischen Zielsetzungen, Korrekturen und Vorschläge bleibt weiterhin den Akteurinnen der Frauenpolitik vorbehalten, die wiederum ihrerseits in einen Dialog mit den Fachleuten eintreten müssen. Auf ihrer Seite haben sie die rechtlichen Normen der Gleichstellung und Chancengleichheit.

2.6.2 Frauen- und Gleichstellungsbeauftragte sind für die Durchsetzung von Gender Mainstreaming nicht verantwortlich

Die historische Tatsache, dass es Frauen waren, die in der Vergangenheit gegen die Geschlechterdiskriminierung gekämpft haben, wird von vielen Männern so interpretiert, als seien auch nur Frauen für die Gestaltung der Geschlechterverhältnisse zuständig.

Frauenbeauftragte oder Gleichstellungsbeauftragte, kommunale Frauenbüros oder Stellen, die sich um die geschlechtsspezifischen Probleme kümmern, werden schnell vor die Frage gestellt, wie sie sich im Prozess des Gender Mainstreaming denn nun einzubringen gedenken. Eine solche Frage zeigt, dass das Prinzip Gender Mainstreaming missverstanden wird. Die Zuständigkeit für die Gestaltung der Geschlechterverhältnisse wird dabei wiederum einseitig einem Geschlecht, nämlich den Frauen, zugeschoben.

Gender Mainstreaming ist als Top down Prozess einzuführen, die Verantwortung liegt bei den Führungskräften. Sie sind es, die für die Genderkompetenz ihrer MitarbeiterInnen zu sorgen haben, die ihr eigenes Fachgebiet unter Genderperspektive bearbeiten können und die ihre MitarbeiterInnen dazu anleiten.

Wie die gleichstellungspolitischen Akteurinnen in Organisationen in die Gender Mainstreaming Prozesse eingebunden werden, ist noch eine offene Frage: Ob sie als Impulsgeberinnen und / oder Mahnerinnen fungieren, ob sie Kontrollfunktionen übernehmen, wie ihre bisherigen Aufgaben sich verändern, an welchen Stellen sie mitarbeiten, das kann nur unter Kenntnis der jeweiligen Organisation und ihrer bisherigen geschlechterpolitischen Kultur entschieden werden. Auf keinen Fall aber sind die bisherigen Akteurinnen von Gleichstellungspolitik für den Prozess verantwortlich. Es hängt von der bisherigen Akzeptanz und Machtposition der gleichstellungspolitischen Akteurinnen in einer Organisation ab, ob sie schnell und flächendeckend KooperationspartnerInnen in den Fachbereichen bekommen, mit denen sie auch gemeinsam an bestimmten Aufgaben arbeiten können.

2.6.3 Frauenförderung ist Teil des Gender Mainstreaming Prozesses in der Personalentwicklung

Die Schlechterstellung von Frauen aufgrund ihrer Geschlechterrolle im Erwerbsarbeitsbereich ist seit langem analysiert, belegt und wird – jedenfalls für den öffentlichen Dienst – durch Frauenfördergesetze oder Gleichstellungsgesetze korrigiert. Die Einrichtung von Frauenbeauftragten und Gleichstellungsstellen innerhalb von Behörden soll u.a. kontrollieren, ob diese gesetzlichen Vorgaben umgesetzt werden.

Ansätze zur Frauenförderung beziehen sich auf die Benachteiligung der einzelnen Frau innerhalb einer Organisation und versuchen, die geschlechtsspezifischen Hinderungsgründe für eine gleichrangige Beteiligung auf allen betrieblichen Ebenen und in allen Bereichen nicht zu Lasten der beschäftigten Frauen wirksam werden zu lassen.

In Frauenförderplänen sind Zielbestimmung, Verfahrensweisen und Kontrollinstrumente verankert, die den personalpolitischen Alltag prägen sollen. In der Regel wird eine Bestandsaufnahme über die Besetzung von Positionen, die Bezahlung, die Beteiligungsraten an Höhergruppierungen, an betrieblicher Weiterbildung - jeweils von Männern und Frauen - erstellt. Beurteilungssysteme, Einstellungsverfahren und Verfahren der Qualitätsentwicklung werden auf potentielle Diskriminierungselemente hin untersucht. Frauenförderung in den Verwaltungen basiert damit auf einer geschlechterpolitischen Zielsetzung (Gleichstellung), erarbeitet eine geschlechterbezogene Bestandsaufnahme (Statistiken und Verfahrensanalysen) und nimmt die Bewertung der Befunde unter der geschlechtsbezogenen Zielsetzung vor. Die Folge dieser Analyse besteht in einer Planung verschiedener Maßnahmen, vor allem im Bereich der Personalpolitik. Die Umsetzung des Frauenförderplanes liegt nicht im Verantwortungsbereich der Frauenbeauftragten oder Gleichstellungsbeauftragten, sondern im Verantwortungsbereich der Personalabteilung bzw. der Führungskräfte. Damit entspricht ein solches Verfahren in allen Punkten dem Prozess des Gender Mainstreaming. Die Personalpolitik im öffentlichen Dienst ist konzeptionell teilweise bereits „gegendert".

2.6.4 Gender Mainstreaming ergänzt und erweitert die Frauenförderung

Die Bezeichnung „Frauenförderung" ist dann problematisch, wenn sie zu der Annahme verleitet, dass Frauen in irgendeiner Weise besonders zu fördern wären, da sie individuell Defizite aufweisen. Die Ursachen für die geschlechtsspezifischen Benachteiligungen von Frauen liegen aber nicht in deren Person, sondern in den Geschlechterverhältnissen, in denen sie leben. Dementsprechend sind im novellierten Gleichstellungsgesetz für die Bundesebene die Frauenbeauftragten zu Gleichstellungsbeauftragten umbenannt.

Gender Mainstreaming weitet den Blick von der Gruppe der Frauen auf die diskriminierenden Strukturen und Verfahren als auch auf das Bewusstsein der Männer und verlangt damit ein erhebliches Umdenken auch in der Personalpolitik.

Es geht also darum, nicht das Geschlecht einer spezifischen Person, sondern die geschlechtsspezifischen Wirkungsweisen von Strukturen als Problem zu erkennen und deren Maskulinisierung aufzuheben. Das bedeutet, dass die typisch männliche Lebensweise nicht die alleinige normative Orientierung für die Gestaltung von Erwerbsarbeit geben darf.

Gender Mainstreaming ist also das Instrument zur Herstellung geschlechtergerechter Rahmenbedingungen und Strukturen. Mit Gender Mainstreaming wird vorausschauend gegen weitere geschlechtsbezogene Diskriminierungen, geschlechtsbezogene Gefährdungen und geschlechtsbezogene Verkürzungen gearbeitet. Deswegen müssen die geschlechtsbezogenen Sichtweisen überall entwickelt werden und in alle Fragestellungen und analytischen Ansätze eingehen. Dabei geht es nicht nur darum, Frauen als eine Gruppe in besonderer Weise zu fördern, sondern die umfassenderen Lösungsansätze beziehen sich auch auf die Kultur von Organisationen, die Vernetzung von Fachgebieten und die Veränderung von Verfahrensweisen. **Die Umsetzung von Gender Mainstreaming zielt also auf eine nachhaltige Veränderung von Strukturen.**

Gender Mainstreaming ist deshalb auch sehr viel mehr als die Förderung der individuellen Chancengleichheit einzelner Frauen gegenüber den Männern.[21]

Vielmehr

- erweitert Gender Mainstreaming die individuelle Förderung von Frauen um die Veränderung von Strukturen, die die Benachteiligung von Frauen generell abbauen;

- richtet es sich nicht nur an Frauen, sondern auch an Männer, und zwar überall dort, wo Männer direkt einen Anteil an der bestehenden Benachteiligung von Frauen haben (z.B. durch ihre mangelhafte Beteiligung an unbezahlter Haus- und Sorgearbeit), aber auch dort, wo Männer durch das männliche Geschlechterstereotyp eingeengt oder ausgegrenzt werden. Auch in diesen Fällen geht es nicht um individuelle Männerförderung, sondern um die Veränderung von Strukturen, die das Leben jenseits der Geschlechterstereotypen ermöglichen.

---

[21] STIEGLER, BARBARA: Frauen im Mainstream. Politische Strategien und Theorien zur Geschlechterfrage. Expertisen aus der Frauenforschung, Friedrich Ebert Stiftung, Bonn: 1998.
STIEGLER, BARBARA: Wie Gender in den Mainstream kommt. Konzepte, Argumente und Praxisbeispiele zur EU-Strategie des Gender Mainstreaming. Expertisen aus der Frauenforschung, Friedrich-Ebert-Stiftung, Bonn: 2000.
STIEGLER, BARBARA: Gender Macht Politik. 10 Fragen und Antworten zum Konzept Gender Mainstreaming. Expertisen aus der Frauenforschung, Friedrich Ebert Stiftung, Bonn: 2002.
STIEGLER, BARBARA: Gender Mainstreaming, Postmoderner Schmusekurs oder geschlechterpolitische Chance? Argumente zur Diskussion. Expertisen aus der Frauenforschung, Friedrich Ebert Stiftung, Bonn: 2003.

Ada Pellert

3. Gender Mainstreaming und die Personal- und Organisationsentwicklung an Universitäten

3.1 Einleitung

Gender Mainstreaming, Organisationsentwicklung und Personalentwicklung an Universitäten haben gemeinsam, dass es sich um für die Universitäten neue Konzepte handelt, die auch jeweils spezifische Anforderungen an die institutionelle Handlungsfähigkeit der Universität stellen. Sie markieren den Wandel im Steuerungsmodell, der die Hochschulreformen im deutschsprachigen Raum kennzeichnet: von der staatlichen ex-ante Steuerung durch Vorgaben, Gesetze und Verordnungen hin zu höherer institutioneller Autonomie. Die Hochschulen sollen von staatlichen Anstalten zu sich selbst steuernden Organisationen werden, die auch mehr Verantwortung für ihre Aufgaben und Ziele übernehmen. Stärkere Deregulierung im Hochschulbereich geht Hand in Hand mit einem erhöhten Rechtfertigungsdruck und neuen Formen der Qualitätssicherung. Wenn den Hochschulen mehr Autonomie gewährt wird, dann wird auch von staatlicher Seite mehr Rechenschaft über die Leistungen gefordert. Jedenfalls ist die Universität gezwungen, sich vermehrt mit Fragen der Qualität der eigenen Organisation auseinander zu setzen.

Wie auf vielen anderen hochschulpolitischen Gebieten war es auch im Bereich der Frauenförderung und Gleichstellung vorwiegend der Staat, der die Rolle der Impulsgebung, des Anstoßes von außen und der gesetzlichen Verpflichtung übernommen hat.

Wenn die institutionelle Autonomie der Universitäten erhöht wird, dann bedeutet das nicht, dass Universitäten in geringerem Maße öffentliche Einrichtungen sind. Es wandelt sich in erster Linie das Organisationsmodell. Die Universitäten müssen selbst aktiver sein und Funktionen wahrnehmen, die bislang das Ministerium übernommen hat. Was unverändert bleibt, ist die Rechenschaftspflicht der Universitäten, etwa in bezug auf Frauenförderung und Gender-Mainstreaming. Frauenförderung bzw. die Gleichstellung der Geschlechter ist als eine grundlegende Aufgabe der Universität zu verstehen. Und es ist nach wie vor eine wichtige staatliche Aufgabe, darauf zu achten, dass Frauenförderung und Gleichstellung erfolgen. Dasselbe gilt für das Monitoring der Umsetzung.

Für eine gelingende Hochschulautonomie und Hochschulreform bedarf es einer Balance zwischen staatlicher Regulierung und eigenständiger Entwicklung der Universitäten: *Aus gesetzlichen Vorschriften werden erst dann gelebte Veränderungsstrategien werden, wenn die Frauenförderung von einem relevanten Anteil der Universitätsmitglieder als integraler Bestandteil der Universitätsreform begriffen wird. Die Universitäten haben im Rahmen einer eigenständigen Entwicklung zugleich die Pflicht zur Frauenförderung und Gleichstellung, aber auch Räume und Möglichkeiten, sich diese Pflicht jeweils individuell zu eigen zu machen.*

Im Folgenden werden zunächst Aspekte und Ansatzpunkte der Organisationsentwicklung beschrieben sowie die Besonderheiten von Personalentwicklung an Universitäten analysiert. Daran anschließend werden die Parallelen zum Konzept des Gender Mainstreaming hergestellt sowie die Chancen und Risiken der Verknüpfung von Gender Mainstreaming und Organisations- und Personalentwicklung beleuchtet.

3.2 Was ist Organisationsentwicklung?

Im Kontext der Hochschulreformen ist Organisationsentwicklung zunächst im Sinne der „Entwicklung zur Organisation" zu verstehen.

Die „Organisationswerdung" im Sinne einer Zunahme der institutionellen Autonomie kann auch eine Verringerung der individuellen Autonomie bedeuten, eine schmerzhafte Erfahrung, die viele Hochschullehrende in den laufenden Hochschulreformprozessen machen. Die Organisationsentwicklung im Sinne der Organisationswerdung verlangt der Universität dabei kollektive Handlungsfähigkeit ab, die in der fragmentierten Expertenorganisation Universität äußerst schwierig herzustellen ist. Dafür ist die Einigung auf gemeinsame Qualitätsstandards, verbindlichere Formen im Umgang miteinander (wie etwa interne Ziel- und Leistungsvereinbarungen) und Kommunikationsformen, die tatsächliche gemeinsame Strategie- und Leitbildprozesse befördern, notwendig. Das institutionelle Management als Mittler zwischen den externen Erwartungen und dem internen Funktionieren der Universität hat eine Schlüsselrolle bei diesen Prozessen der Organisationsentwicklung.

Zwei Themen sind dabei von großer Bedeutung:

- das Verhältnis zwischen Staat als Eigentümer und Träger dieser öffentlichen Organisation zur zunehmend autonomen Einrichtung Hochschule
und
- das Verhältnis zwischen dem administrativen und dem akademischen Bereich im Inneren der Hochschulen.

Die nächsten Jahre werden zeigen, welche Rolle Zielvereinbarungen, Leistungsverträge und indikatorgesteuerte Mittelzuteilungen im Verhältnis zwischen Staat und Hochschulen spielen werden. Die Form der Organisation, des Personalrechts und der Finanzierung werden jedenfalls darüber entscheiden, wie autonom die Hochschulen als Organisation agieren können. Im Inneren muss vor allem das zunehmend virulenter werdende Spannungsfeld zwischen geeigneten Formen eines verstärkten Hochschulmanagements, der traditionellen Verwaltung und den neuen, quer liegenden Dienstleistungseinrichtungen bewältigt werden.

Organisationsentwicklung (OE) ist aber auch ein bestimmter Ansatz, Änderungsprozesse in Organisationen zu gestalten:

Aus Betroffenen sollen Beteiligte werden. Ausgangspunkt ist die Ansicht, dass Veränderungen Theorie bleiben, wenn es nicht gelingt, bei den betroffenen Mitarbeitern und Führungskräften aktives Engagement zu wecken. Organisationsentwicklung ist ein fortlaufend interaktiver Prozeß. Auch sind Organisationen viel zu komplex, um bis ins Detail gesteuert zu werden. Dementsprechend bedeutend sind Prozesse der Selbstorganisation. Ein „Metaziel" von OE-Prozessen ist es, Rahmenbedingungen und Haltungen zu entwickeln, die dem Phänomen der Selbstorganisation dienlich sind.

Während Individuen der primäre Ansatzpunkt von Personalentwicklung sind, ist Organisationsentwicklung (OE) in diesem Sinne ein geplanter, systematischer Prozess, mit dem eine bestehende Organisation als soziales System verbessert werden soll.

Der OE-Prozess ermöglicht die Verbesserung der Organisation auch dadurch, dass er die Bedeutung von Zielen und Plänen betont und Lernmöglichkeiten vorsieht, durch die Planungs- und Zielsetzungsfähigkeiten entwickelt werden können. Es soll gelernt werden, Ziele zu setzen, Ziele in Handlungen umzusetzen und das Erreichen der Ziele durch Planen und Entscheiden zu ermöglichen. OE will eine Entwicklung hin zu größerer

Leistungsfähigkeit auslösen, die Veränderung der Kultur einer Organisation wird dabei zumeist als ein mehrjähriger Prozess gesehen.

Das zyklische, prozessorientierte Vorgehen – Planen eines Soll-Zustandes, Analyse des Ist-Zustandes, Einleiten entsprechender Änderungsschritte, laufende Überprüfung der erreichten Zwischenergebnisse und daraus folgende etwaige Revidierung der geplanten Änderungsschritte - ist von der „Grundlogik" dem Gender Mainstreaming sehr ähnlich.

3.3 Was ist Personalentwicklung?

Personalentwicklung (PE) im weitesten Sinn umfasst alle Aktivitäten, Aktionen und Prozesse, die eine Organisation entwickelt oder benutzt, um die Leistung zu verbessern und das Potential ihrer Mitglieder (human resources) zu fördern. Es ist damit die geplante Entwicklung des Personals angesprochen. Die geplante Fort- und Weiterbildung bildet den Kern der Personalentwicklung, aber letztlich sind alle Maßnahmen zur Laufbahn- bzw. Karriereentwicklung genauso dazu zu zählen wie Maßnahmen zur Förderung der Teamarbeit, Maßnahmen der Arbeitsstrukturierung und der Organisationsentwicklung. Personalentwicklung zielt auf die personelle Komponente, die es zu befähigen und zu aktivieren gilt, um die Entwicklung der Organisation in Gang zu halten. Mitarbeiter sollen für ihre künftigen Aufgaben qualifiziert werden, um einen entsprechenden Beitrag zur Realisierung der Organisationsziele leisten zu können.

An den Hochschulen des deutschsprachigen Raumes wird das Personal überwiegend verwaltet. Das Beamtendienstrecht sowie das Bild von der Hochschule als einer nachgeordneten Dienststelle des Ministeriums und Personalabteilungen, die lediglich zur Durchführung von Gesetzen und Verordnungen aktiv werden, tragen das ihre zu dieser Situation bei. Dazu gehört auch die Tatsache, dass die Hochschulangehörigen zumeist Angestellte des Staates sind und nicht – wie in vielen anderen Ländern – Angestellte der Universität. Dadurch gibt es für die Organisation auch wenig Anreize, sich mit Personalentwicklung zu befassen. Dieser Zustand wird durch Vorstellungen verstärkt, die die bildungsmäßige Erstausstattung, "learning by doing" und die fast ausschließlich fachbezogene Weiterbildung der Hochschullehrer als ausreichend sehen.

Veränderungsprozesse in Institutionen müssen auf jeden Fall Veränderungen auf drei verschiedenen Ebenen umfassen: Individuum, Gruppe, Organisation. Daher sind Organisations- und Personalentwicklung eng miteinander verflochten. Universitäten sind sehr personenzentrierte Systeme. Probleme haben aber oft nicht nur mit Personen zu tun, sondern mit wenig durchdachten Abläufen und Strukturen. Jedenfalls müssen sie in einem strukturellen Kontext betrachtet werden. Organisationsentwicklungsmaßnahmen wiederum müssen vereinbar sein mit Auswahl, Beförderungs-, Entlohnungs- und Beurteilungssystemen.

Personalentwicklung ist eine nicht delegierbare Hauptaufgabe jeder Führungskraft. Personen mit Führungsverantwortung haben nicht nur wichtige Vorbildfunktionen, sie müssen sich auch Zeit für die Planung, Diskussion und Integration der Entwicklungsaktivitäten für ihr Personal nehmen. Insbesondere folgende Aufgaben sind auf dieser Ebene zu erfüllen: Rekrutierung, Vorbildfunktion, Einführung in die Hauptaufgaben der Tätigkeit, Kommunikation über Ziele, Artikulation von Erwartungen aneinander, Rückmeldung zu den laufenden Tätigkeiten, Entwicklungs- und Fördergespräche.

Ein generelles Spannungsfeld der Personalentwicklung liegt in der Ausrichtung an den Zielen der Organisation einerseits und den Zielen der Person andererseits. Eine allzu starke Verschiebung in Richtung eines Pols beraubt die Personalentwicklung ihres Gesamtpotentials. Diese Grundspannung wird im Falle der Universität noch dadurch verschärft, dass die Universität einen besonderen Organisationstypus verkörpert, der durch hohe persönliche Autonomie und wenig Interesse an der gemeinsamen Organisation gekennzeichnet ist. Die Mitglieder der Organisation Universität sind ExpertInnen mit viel Know-how und hoher Individualität, die selten "entwickelt" werden wollen. Allein die Verwendung des Begriffs "Personalentwicklung" könnte für viele Hochschullehrende schon ein Indiz einer zunehmenden, aber abzulehnenden Betriebsförmigkeit der Universität sein. Viele Hochschullehrende werden sich auch nicht als "das Personal" der Universität verstehen. Auf der anderen Seite muss die Universität – will sie nicht als Relikt aus früheren Zeiten ihre Bedeutung zunehmend verlieren, sondern ihre Stellung in der modernen Organisationsgesellschaft behaupten – stärker als gemeinsam zu gestaltende Einrichtung verstanden werden. Personalentwicklung im Sinne der Unterstützung der Universitätsleitung in Fragen des Personalmanagements, als Erarbeitung eines

Bildungskonzeptes und als Beratung von Führungskräften kann dabei einen wertvollen Beitrag liefern.

3.4 Was ist Gender Mainstreaming?

Gender Mainstreaming bedeutet, eine geschlechtssensible Perspektive in alle Aktivitäten und Maßnahmen zu integrieren und alle Vorhaben und Maßnahmen auf ihre geschlechts-spezifischen Wirkungen zu überprüfen. Dabei wird von der Tatsache ausgegangen, dass das Geschlechterverhältnis in unserer Gesellschaft ein Ungleichheitsverhältnis ist, dessen Ursachen sozial und kulturell erzeugt sind. Auch Universität und Wissenschaft sind nach unterschiedlichen Rollen und Positionen von Frauen und Männern organisiert und reproduzieren diese gleichzeitig. Gender Mainstreaming bedeutet, dass alle Maßnahmen so gestaltet werden, dass sie die Chancengleichheit von Frauen und Männern fördern. Es ersetzt keineswegs spezifische Maßnahmen der konkreten Förderung von Frauen – die Gleichzeitigkeit, d.h. ein doppelter Ansatz ist grundlegend für den Erfolg.

Die Nähe zum Konzept der Organisationsentwicklung ist dadurch geben, dass Gender Mainstreaming sich auf die (Re-)Organisation, Verbesserung, Entwicklung und Evaluation von Entscheidungsprozessen bezieht.

Der Aufgabe der Frauenförderung und Gleichstellung an den Universitäten wurde im Vergleich zu anderen Aufgaben in den letzten Jahrzehnten kein besonderer Stellenwert zuerkannt. Obwohl eine kontinuierliche Steigerung der Frauenanteile in den letzten 10 Jahren erreicht werden konnte, sind Frauen in den universitären Beschäftigungsverhältnissen weiterhin stark unterrepräsentiert.

Gender Mainstreaming ist damit angesichts dieser Ausgangslage schon eine Art „Frauenverträglichkeitsprüfung" von organisationsinternen Prozessen. Die Frauenfrage soll aus ihrer Randständigkeit gelöst werden - der „Mainstream" soll „gegendert" werden.

Es wäre mehr als sinnvoll, wenn am Ende der Anstrengungen einfach mehr „Diversity" und geschlechtliche Vielfalt gegeben wären – etwa der stark männlich geprägte wissenschaftliche Bereich der Universitäten stärker mit Frauen in leitenden Positionen besetzt und umgekehrt der dienstleistende Verwaltungsteil der Universitäten stärker von Männern wahrgenommen würde oder wenn auch die einzelnen Studienrichtungen in der Zusammensetzung ihrer Studierendenschaft stärker geschlechtlich ausbalanciert wären.

Gender Mainstreaming – und das ist das Interessante und Neue an diesem Konzept - verbindet die Frage der Geschlechtergerechtigkeit mit der Innovationsfähigkeit einer Organisation und der Ressourcennutzung. „Gender" wird zu der Kategorie, mit der organisatorische Entscheidungs- und Steuerungsprozesse überprüft werden.

Warum nun sollte man Gender Mainstreaming betreiben?

Zum einen könnte man lapidar feststellen, dass Gender Mainstreaming eine gesetzliche – sowohl europäische als auch nationale – Verpflichtung ist und deswegen durchzuführen ist. Wirkliches Veränderungspotential wird das Konzept des Gender Mainstreaming erst dann in einer Institution entfalten, wenn es als Medium der inhaltlichen Erneuerung und organisatorischen Entwicklung erkannt wird. Gender Mainstreaming muss als institutionelle Herausforderung aufgefasst werden. Zu lange ist Frauenförderung als eine von außen auferlegte, bürokratische Pflicht betrieben worden und hat daher das Potential der inhaltlichen Erneuerung nur begrenzt entfalten können. Der Ansatz des Gender Mainstreaming spiegelt dabei die gleichstellungspolitische Diskussion der letzten Jahre wieder, die die universitäre Frauenausgrenzung nicht nur deshalb kritisiert, weil sie ungerecht ist, sondern noch das zusätzliche Argument verwendet, dass es aus Sicht der Universitäten und der Bildungspolitik äußerst unökonomisch, ja ineffizient ist, „Humanressourcen", wissenschaftliches und administratives Potenzial, welches Frauen in die Universitäten einbringen, nur ungenügend zu nützen. Gender Mainstreaming ist im Blick auf die Organisation Universität und ihre Entscheidungsprozesse ein der Organisationsentwicklung verwandter Zugang. Die konkreten gleichstellungspolitischen Zielsetzungen und Strategien müssen allerdings erst in der jeweiligen Universität entwickelt werden. In dem organisationsbezogenen Zugang ist Gender Mainstreaming als Ansatz auch „anschlussfähig" an das Konzept der Personalentwicklung – das „das Personal" und nicht nur die Personen in einer Organisation betont. Insgesamt fügt sich Gender Mainstreaming gut in das Konzept der neuen hochschulpolitischen Steuerungskonzepte ein und gibt ihnen eine gleichstellungspolitische Richtung.

3.5 Chancen und Risiken der Verknüpfung von Gender Mainstreaming mit der Organisations- und Personalentwicklung

3.5.1 Chancen

Betonung von Qualitätssicherung

GM ist eine Strategie der Qualitätssicherung. Es wird davon ausgegangen, dass genau jene Faktoren die Aufstiegsbarrieren für Frauen im universitären Kontext bilden, auch jene Faktoren sind, die andere Innovationen, neue Inhalte und interessante Ansätze behindern. Gender Mainstreaming kann also als ein Weg verstanden werden, innovationshemmende Faktoren aufzuspüren. Es geht darum, einen Zusammenhang zwischen Qualitätssicherung, Gleichstellung und Hochschuleform herzustellen. Das Thema der Gleichstellung wird damit in einem gewissen Sinne aus der „Armutsfalle" befreit - es geht nicht um Mitleid mit armen Frauen, es geht um das zentrale Thema einer meritokratischen Institution: Qualität.

Verbindung zur bildungsökonomischen Diskussion

In den letzten Jahren hat sich in der hochschulpolitischen Diskussion wieder stark ein bildungsökonomischer Zugang in den Vordergrund geschoben. Angesichts einer zunehmend wissensbasierten Gesellschaftsentwicklung, in der Wissen zum Produktionsfaktor geworden ist, wird der Zusammenhang zwischen Bildungspolitik und effizienter Nutzung von Humanressourcen betont. Die Bildungspolitik und insbesondere die Wissenschafts- und Technologiepolitik werden zu wichtigen Gesellschaftsfeldern, die über die Zukunftsfähigkeit eines Landes entscheiden. Diese Diskussion macht sich der Gender Mainstreaming Zugang für die Frage der Gleichstellung zunutze.

Die in den letzten Jahren gestiegenen Frauenanteile bei den Erst- und Zweitabschlüssen verdeutlichen das Kapital an qualifizierten Humanressourcen, die den Universitäten zur Verfügung stehen könnten, wenn vermehrt Frauen auf allen Ebenen der Universität vertreten wären. Ökonomisch argumentiert könnte man sagen, dass die autonome Universität ökonomischen Nutzen lukriert, wenn ihr das Potenzial der weiblichen Studierenden nicht in größerem Ausmaß verloren geht als das der männlichen Studierenden. Dazu bedarf es der Integration von Frauen in universitäre Strukturen auf allen hierarchischen Ebenen.

Organisationsdiagnose

Gender Mainstreaming bietet ein ideales Instrumentarium, um die zentralen Leistungsprozesse und Handlungsfelder der Universität - Forschung, Lehre/Studium/ Weiterbildung, Management/Steuerung, Beratung/Dienstleistung, Nachwuchsförderung - gemeinsam zu „durchleuchten". Die derart „produzierte" institutionelle Selbsteinschätzung ist als Organisationsdiagnose sinnvoller Ausgangspunkt für alle weiteren Ziel- und Leitbilddiskussionen. Auf Basis dieser Bestandsaufnahme können gemeinsame (strategische) Entwicklungsziele formuliert werden.

Integrativer Ansatz

GM ist ein integrativer Ansatz, um Personal- und Organisationsentwicklung mit Qualitätssicherung in einer zunehmend autonomen Institution zu verbinden. Gerade die geschlechtersensible Einführung von Personal- und Organisationsentwicklung kann die Nützlichkeit des Gender Mainstreaming Ansatzes vor Augen führen. Insbesondere die Momente der Implementierung neuer Steuerungsansätze sind Zeiten, in denen Organisationen - wenn diese Veränderungen einigermaßen vernünftig eingeführt werden - offen für neue Sichtweisen sind. Wenn man an einer Universität beginnt, sich geplanter den Fragen der Nachwuchsförderung, der Einführung neuer MitarbeiterInnen, der Gestaltung von Berufungen etc. - oder anderen wichtigen Bereichen universitärer Personalentwicklung - zu stellen, dann ist es kein großer Zusatzaufwand, in diesem Kontext auch geschlechtersensibler zu agieren. Gender Mainstreaming richtig verstanden hilft viele Modernisierungsprobleme deutschsprachiger Universitäten in einem „integrativen Zusammenspiel" anzugehen, anstatt viele unkoordinierten Einzelmaßnahmen zu ergreifen, die dann oft nicht zueinander passen, einander konterkarieren und in jedem Fall einen wesentlich höheren Zusatzaufwand bedeuten.

Profilbildende Strategie

GM ist eine Chance, die Frage der Geschlechtergerechtigkeit als profilbildendes Merkmal im universitären Wettbewerb zu verwenden. Gender Mainstreaming richtig eingesetzt, durchleuchtet alle Leistungsbereiche der Universität in bezug auf ihre geschlechtsspezifischen Voraussetzungen und Konsequenzen (siehe Organisationsdiagnose). Darauf aufbauend können entsprechende strategische Zielsetzungen entwickelt werden, etwa

- das Zahlenverhältnis von Männern und Frauen in Leitungspositionen in Forschung, Lehre, Selbstorganisation, Wissenschaftsmanagement und Verwaltung ist im Sinne eines höheren Frauenanteiles deutlich zu verbessern oder
- zu erreichen, dass EntscheidungsträgerInnen ihre Verantwortung im Bereich Gleichstellung, Gleichbehandlung und Frauenförderung verstärkt wahrnehmen, oder
- den Anteil weiblicher Studierender und Absolventinnen in den weiterführenden Studien (Magister- und Doktoratsstudien) zu erhöhen oder
- Frauen- und Geschlechterforschung und die dazugehörige Lehre aktiv als ein Teil der Profilbildung der Universität zu verankern und interdisziplinäre Frauen- und Geschlechterforschung" als Studium einzurichten, etc, etc.

Strategische Leistungsziele müssen dann überführt werden in interne Ziel- und Leistungsvereinbarungen, so dass eine Stufenabfolge von Globalzielen zu strategischen Leistungszielen zu konkreten Entwicklungsprojekten gegeben ist. Strategische Leistungsziele und interne Ziel- und Leistungsvereinbarungen sind wichtige neue Steuerungselemente, die genutzt werden sollen, um Fragen der Geschlechtergerechtigkeit auch institutionell gut zu verankern.

3.5.2 Risiken

Fragiler Ansatzpunkt

Wenn Gender Mainstreaming sich verbindet mit Ansätzen der Organisationsentwicklung und Personalentwicklung, dann wird damit zwar ein sehr integrativer Ansatzpunkt gewählt, gleichzeitig jedoch auch ein sehr fragiler, da ja viele Voraussetzungen für Organisations- und Personalentwicklung an Universitäten noch nicht wirklich gut gegeben sind. So ist es ebenso bestechend wie schwierig, zwei Schritte in einem zu nehmen: nämlich ein Konzept wie Personalentwicklung, das noch keine große Tradition hat, voranzutreiben und gleichzeitig frauenspezifische Personalentwicklung etablieren zu wollen.

Eine sehr wichtige und zugleich kritische Voraussetzung ist die Verantwortung der Führungskräfte. Gender Mainstreaming liegt in der Verantwortung der Leitungskräfte (Top-Down-Ansatz) und ist von ihrem Einsatz abhängig. Gerade Leitungsaufgaben werden an Universitäten aus vielerlei Gründen oft nur semi-professionell wahrgenommen.

Frauenförderung ist ein zentraler Bestandteil der universitären Personalentwicklung und damit Dienstpflicht jeder Führungskraft. Sowohl Universitäten als Organisationen als auch die an ihr tätigen Personen müssen einen eigenen, aktiven Zugang zur Frauenförderung finden. Anreize wie auch Belohnungen, die ein diesbezügliches Engagement mit sich bringt, müssen klar definiert werden. Universitäre Leitungskräfte müssen auf ihre Aufgabe hingewiesen und zur Umsetzung von Frauenförderung an der Universität befähigt, geschult, begleitet und auch belohnt werden.

Zusammenspiel von ExpertInnen und Betroffenen und EntscheidungsträgerInnen

Gender Mainstreaming ist eine Top-Down-Strategie. Da Universitäten aber über keine klassischen Hierarchien verfügen, sondern ExpertInnenorganisationen sind, ist Gender Mainstreaming dort umso mehr vom Commitment und Engagement aller abhängig, es bedarf der Bottom-Up-Stützung.

Institutionelle Autonomie bedingt, dass Universitäten adäquate Leitungsstrukturen finden. „Partizipatives" Management wird im Zuge dieses Wandels zu einer besonders wichtigen Aufgabe, denn Leitung und Management an der Universität sind ein kollektiverer Prozess als in anderen Organisationen, nicht zuletzt aufgrund der hohen Abhängigkeit vom Know-How der MitarbeiterInnen. Auf dem Weg zu einer eigenständigen, modernen Organisation ist es unabdingbar, dass Frauen auf allen hierarchischen Ebenen, insbesondere in den Leitungsorganen adäquat vertreten sind.

Die universitäre Frauenförderung hat bislang von einem hohen Maß an Engagement der AkteurInnen der Frauenförderung, ihrem Einsatz und fachlichem Know how im Zusammenspiel mit den betroffenen Frauen gelebt. Gender Mainstreaming erfordert nun ein aktives Zusammenspiel mit den EntscheidungsträgerInnen. Das ist partiell ein anderes Vorgehen. Damit das für Gender Mainstreaming erforderliche Zusammenspiel von Top-Down und Bottom-Up zustande kommt, muss weniger in Opposition zur Universitätsleitung, sondern stärker im Verbund – im Sinne einer strategischen Koalition – agiert werden.

Dies ist zum Teil ein Kulturwechsel, der u.U. von anderen AkteurInnen wahrgenommen und befördert werden muss als von den bisherigen, im günstigsten Fall in enger Kooperation. Klarer Umgang mit spezifischen Rollen ist erforderlich. In den diffusen Strukturen der Universitäten, in denen viele Universitätsangehörige multiple Rollen jeweils semi-professionell wahrnehmen, keine einfache Aufgabe.

Vor allem aber muss das Know-how der ExpertInnen der Frauenförderung in den Prozess eingebracht werden.

3.6 Bewahrung eroberter Standards

Gender Mainstreaming kann je nach Sichtweise unterschiedlich bewertet werden. Entweder als Chance, Frauenförderung vom Randthema zur Erfolgsbedingung zu wandeln oder als Risiko der kurzlebigen Vereinnahmung durch ökonomisch motivierte Managementslogans.

Gender Mainstreaming ist eine prozessuale Zugangsweise, in einem gewissen Sinne inhaltsleer. Einerseits muss sie kombiniert werden mit konkreten inhaltlichen Vorstellungen und Vorschlägen, die eine Universität zur Verbesserung der Gleichstellung entwickelt. Andererseits muss darauf geachtet werden, dass die hart erkämpften und etablierten Standards der Frauenförderung, wie sie in gesetzlichen Regelungen und Frauenförderplänen ihren Niederschlag finden, nicht mit dem Hinweis auf das „zeitgeistigere" Gender Mainstreaming „entsorgt" werden. Angesichts der nach wie vor zahlreich bestehenden „gläsernen Decken" wird nur die gezielte Kombination etablierter Formen der Frauenförderung mit neuen, mit Hilfe von Gender Mainstreaming entdeckten, Gleichstellungsbemühungen spürbare Gleichberechtigung und Gender Diversity an Universitäten und anderen Wissenschaftsorganisationen bringen.

Der professionelle Umgang mit Humanressourcen wird an den Universitäten aus Gründen des (auch ökonomischen) Wettbewerbs und der Qualitätssicherung an Bedeutung zunehmen. Die Akzeptanz einer mit der Hochschulautonomie modellkonsistenten Frauenförderung setzt voraus, dass die Politik und die Hochschulen die Chancen, die sich aus diesen neuen Gestaltungsspielräumen ergeben, verstehen und wahrnehmen. Es gilt, das neue Bild der Gleichstellung von Frauen zu transportieren: Gleichstellung als Erfolgsfaktor für die Hochschulen und nicht als untragbarer Kostenfaktor und bürokratisches Hindernis. Solange diese Verhaltensänderungen jedoch nicht Teil der corporate identity sind und solange nicht eine kritische Masse an Frauen auf allen Ebenen Funktionen übernommen haben, ist Gender-Mainstreaming im Sinne der aktiven Frauenförderung unabdingbar[22].

---

[22] PELLERT, ADA: Lehrqualität und Frauenförderung - neue Herausforderungen für die universitäre Personalentwicklung. In: ROLOFF, CHRISTINE (Hrsg.): Personalentwicklung, Geschlechtergerechtigkeit und Qualitätsmanagement an der Hochschule.
Wissenschaftliche Reihe, Band 142, Bielefeld, 2002. S. 37 – 48.
PELLERT, ADA: Frauenförderung und Hochschulreform: Zwei Schritte vor – zwei Schritte zurück. *Zeitschrift für Frauenforschung & Geschlechterstudien.* 20. Jahrgang Heft 3/2002. Bielefeld 2002, S. 57 –67.
PELLERT, ADA: Reflexion des ESF-Projektes "Potenziale, Barrieren und Chancen" Frauen an der Universität. In: HEY, BARBARA/PELLERT, A./WIESER, ILSE (Hg.): Das Programm "Potenziale, Barrieren und Chancen. Frauen an den Grazer Universitäten." Information Sondernummer 1/2003. Interuniversitäre Koordinationsstelle für Frauen- und Geschlechterforschung Graz, 2003. S. 26 – 36
KAHLERT, HEIKE: Gender Mainstreaming an Hochschulen. Anleitung zum qualitätsbewussten Handeln. Opladen 2003

Bozena Choluj

4. „Gender Studies" – Ein Beitrag zur Umsetzung des Gender Mainstreaming in Forschung und Lehre?

4.1 „Gender Studies" sind kein Ersatz für „Women's Studies" - Zur fehlenden Institutionalisierung von „Gender Studies"

„Gender Studies" als Bildungszentren entwickelten sich besonders intensiv in den 1990er Jahren. Davor, d.h. in den 70er und vor allem in den 80er Jahren, wurden vor allem „Women's Studies" gegründet. Diese zeitliche Reihenfolge ist entscheidend dafür, daß man „Women's Studies" gern für Vorläufer von „Gender Studies" hält. Es gibt zwischen ihnen zwar eine große Verwandtschaft, doch können „Gender Studies" „Women's Studies" nicht ersetzen. Beide Studien- und Forschungsrichtungen verfügen über unterschiedliche Methoden, unterschiedliche theoretische Schwerpunkte und Perspektiven.[23] Idealerweise existieren sie nebeneinander. In aller Kürze könnte man sagen, dass „Women's Studies" das Material erarbeiten, welches von den „Gender Studies" für die Analyse der Geschlechterbeziehungen übernommen werden kann. Deren Forschungsergebnisse beeinflussen ihrerseits die „Women's Studies". Beide Richtungen leisten füreinander eine wichtige Zuarbeit und können daher als eigenständige Forschungsrichtungen bzw. Projekte angesehen werden.

Die Intensität der Entwicklung dieser Bildungszentren und Studiengänge ließ sich zuerst in den USA und Westeuropa, dann in Afrika und Ostmitteleuropa beobachten. Wenn man ihre Entstehung an Universitäten weltweit erfaßt, stimmt die Zahl der in den letzten Jahren etablierten Institutionen optimistisch.[24] Sobald jedoch der Blick auf die Curricula, die finanzielle Lage und institutionelle Verankerung fällt, erscheint die Situation dieses Typus der Lehre und Forschung nicht mehr so positiv.

Diesen Disziplinen ist es im akademischen Bereich nicht im gleichen Maße gelungen Fuß zu fassen, wie dies anderen neuen Forschungsberei-

---

[23] Vgl. WENK, SILKE: Women's and Gender Studies in German Higher Education. In: FLEßNER, HEIKE & POTTS, LYDIA (eds): Societies in Transition – Challenges to Women's and Gender Studies. Opladen 2002, S. 43-51, hier S.44
[24] Vgl. GRIFFIN, GABRIELE: Co-option or Transformation? Women's and Gender Studies Worldwide. In: H. FLEßNER, L. POTTS (eds): Societies in Transition ‚a.a.O., S. 13-33.

chen, z.B. den Medienwissenschaften, geglückt ist. Dies liegt nicht nur an den Inhalten und Methoden der „Gender bzw. Women's Studies", auch nicht allein an der besonderen Schwerfälligkeit traditioneller Universitätsstrukturen, die Neugründungen oft im Wege stehen. Von großer Bedeutung sind auch die Sparmaßnahmen, die vielerorts das vom Staat subventionierte Hochschulwesen treffen. Von den „Sparzwängen" sind auch „alte" Disziplinen betroffen, die entstanden sind, als man noch nicht fragte, ob Universitäten in der Nachbarschaft auch Lehrveranstaltungen in z.B. Germanistik, Medizin, Geschichte oder anderen Fächern anbieten . Man fragte auch nicht danach, ob es nicht ökonomisch sinnvoller wäre, wenn man ähnliche Fächer an einzelnen Universitäten zusammenlegen würde. Statt Vernetzung in Lehre und Wissenschaft wird, rein ökonomisch begründet, eine Zentralisierung von Fächern angestrebt. Dies ist eine unerfreuliche Tendenz, verheerend für die Vielfalt der Inhalte und Methoden in der Produktion des Wissens.

Aufgrund von Sparmaßnahmen ist man eher geneigt, Kooperationen auf Zeit einzugehen und nicht Lehrstühle oder Institute aufzubauen. Mit diesem Vorgehen hofft man, Doppelungen von Studiengängen an Nachbaruniversitäten zu vermeiden. „Women's Studies" und „Gender Studies" werden immer häufiger aufgefordert, solche Kooperationen einzugehen, was jedoch keine Auswirkungen auf die institutionelle Etablierung hat. Diese Situation der „Gender Studies" kann schwerwiegende Folgen haben, besonders in Bezug auf die EU-Richtlinien zu „Gender-Mainstreaming". Der Druck, der in letzter Zeit auf leitende Beamte ausgeübt wird, damit sie sich die Hauptprinzipien des „Gender-Mainstreaming" möglichst schnell aneignen, führt zu einem verkürzten Verständnis von Gender. Die Geschlechtergleichheit bekommt darin nur die Form von statistischer Gleichheit von Männern und Frauen. CLAUDIA NEUSÜß verweist auf die Gefahr der Förderung von Femokraten und Femokratinnen,[25] die die Geschlechtergleichheit nur formell realisieren werden, statt einen Beitrag zur Mentalitätsänderung und zum Kulturwandel zu leisten.

Unabhängig davon, welches Land „unter die Lupe genommen wird", kann Ähnliches festgestellt werden: *Die Nachhaltigkeit von „Women's und Gender Studies" ist nirgendwo institutionell abgesichert.* Die Existenz von „Gender Studies" an einer Hochschule ergibt sich meistens aus den Bemühungen einzelner Personen oder wissenschaftlicher Gruppen und nicht aus Überlegungen zur universitären Strukturentwicklung. Diese sind daran

---

[25] Diese Bezeichnung stammt von Hester Eisenstein, die sie in "Inside Agitators. Australian Femocrats and the State" (Temple University Press 1996) geprägt hat.

ausgerichtet, ihr bisheriges breites Spektrum an Lehrangeboten zu reduzieren (s.o.). Wenn es um die Institutionalisierung von „Women's oder Gender Studies" geht, bestehen zwischen den alten Mitgliedstaaten der EU und den neuen Beitrittsländern keine großen Unterschiede. Es existieren zwar – z.B. in Deutschland – seit mehreren Jahren Programme zur finanziellen Unterstützung der „Gender Studies" von Bund und Ländern, ebenso auch Kenntnisse der Richtlinien für die Entwicklung dieses Wissenschaftsbereiches an Universitäten und sogar Professuren mit feministischem Schwerpunkt, während es z.B. in Polen so gut wie gar nichts gibt, was die Entstehung, geschweige denn die Entwicklung von „Gender Studies" fördern könnte. Vergleicht man den Stand der Institutionalisierung in beiden Ländern, kann man feststellen, dass positive nachhaltige Veränderungen auf der Ebene der Institutionalisierung in beiden Ländern nicht zu verzeichnen sind. Die finanziellen Unterstützungen haben immer noch einen gelegentlichen Charakter und Projekte werden nur auf Zeit gefördert. Sie sind zwar sehr wichtig, weil durch einzelne Initiativen, Ringvorlesungen, Publikationen, Dissertationen und Habilitationen wissenschaftliche Fortschritte erzielt werden, sowie kulturelle Bewusstseinsänderungen zustande kommen können und zumindest die Möglichkeit besteht, dass Veränderungen eintreten, welche beständigere Formen annehmen. Diese Unterstützung bewirkt jedoch keine verbindliche Änderung im Bildungssystem.[26] Als Beispiel dafür sei die Situation der „Gender Studies" an der Europa-Universität Viadrina angeführt.

4.2 „Gender Studies" an der Europa Universität Viadrina in Frankfurt/Oder und Kooperation mit der GENDA-Gruppe in Slubice

Die Viadrina ist eine sehr junge Universität, die aus drei Fakultäten besteht: Jura, Betriebswirtschaftslehre und Kulturwissenschaften. Nach neuesten Erkenntnissen müßte die Gender-Perspektive in allen Fakultäten ver-

---

[26] In Polen wurde 2000 der erste Überblick der Institutionalisierungsmöglichkeiten von Gender Studies im Ost- und Westeuropa während der internationalen Konferenz „Gender Studies. Origins, differentation and perspectives of the discipline" gemacht. Diese Tagung wurde durch die Warschauer Gender Studies zusammen mit dem Internationalen Zentrum von Tübingen organisiert. Ein Teil der Ergebnisse ist in *Katedra Gender Studies UW*, H. 3., Warschau 2001 publiziert, wo auch hier zitierte Beiträge von SILKE WENK und GABRIELE GRIFFIN auf polnisch erschienen sind.

treten sein. Um dies zu gewährleisten, müßte die Universität über einen entsprechenden Lehrkörper oder über ein Zentrum verfügen, in dem Studierende ihr „klassisches" Wissen (das die Gender-Problematik noch nicht umfasst) um neues Wissen aus dem Gender Bereich erweitern könnten. Das jedoch gibt es leider nicht.

Unter den strukturellen Bedingungen der Viadrina und unter den finanziellen Bedingungen des Landes Brandenburg war das einzig Mögliche ein Kooperationsprojekt mit der Potsdamer Universität. Ein solches Projekt ist im Jahre 2001 mit dem Titel „Transformationen von Wissen, Mensch und Geschlecht" entstanden; „Ziel ist der Ausbau und die Vernetzung von Frauen- und Geschlechterstudien im Land Brandenburg".[27] Im Winter 2001 wurde eine Arbeitsgruppe gegründet, deren Hauptaufgabe es ist, für den Bereich „Gender-Studies" einen Entwurf für eine langfristige Arbeitsform beider Universitäten auszuarbeiten. Die Arbeitsgruppe besteht aus fünf Personen. Davon ist lediglich eine für die Europa-Universität Viadrina vorgesehen.

Inhaltlich konzentriert sich die Gruppe auf die Geschlechterproblematik in den neuen Medien. Im geplanten Programm sollen für die „Gender Studies" Internetmöglichkeiten und traditionelle Formen der Lehre miteinander verbunden und eine möglichst enge Vernetzung der Lehrangebote beider Universitäten organisiert werden, damit die Studierenden sich ihre Seminare und Module in der Zukunft selber zusammenstellen können. Das bedeutet: Es werden Lehrveranstaltungen vor Ort und an unterschiedlichen Orten durchgeführt, parallel zu ihnen finden gemeinsame Veranstaltungen in Form von Symposien, Workshops und Ringvorlesungen statt. Eine der wichtigsten Funktionen dieses Projektes ist es, eine institutionelle Anbindung für Doktoranden und Doktorandinnen zu schaffen, die sich im Rahmen ihrer Qualifizierungsarbeiten am Forschungsprojekt beteiligen. Ergebnisse der Projektarbeit werden in der Schriftenreihe „Potsdamer Studien zur Frauen- und Geschlechterforschung" publiziert.

Die Ausstattung des Kooperationsprojektes ist jedoch nicht ausreichend. Bei dem Verlängerungsverfahren im Jahre 2004 wurde die Stelle an der Viadrina auf eine Stelle (75%) reduziert. Dies ist dafür, was „Gender Studies" vor Ort leisten müßte, nicht ausreichend.

Um den Bedürfnissen der interessierten Studierenden in Frankfurt/Oder entgegenzukommen, entstand informell im Sommersemester 2002 in Słubice die Gruppe GENDA am Lehrstuhl für Vergleichende Mitteleuropa-

---

[27] Unveröffentlichter Bericht des Projektes von 2003.

studien. Die Mitglieder dieser Gruppe entwickelten ein Projekt „Frauen an der Oder" und realisierten es in Form unterschiedlicher Seminare und Workshops. [28] Dieses Angebot richtet sich an polnische und deutsche Studierende. Was beide verbindet ist das Interesse an der Geschlechterproblematik. Die Workshops finden in polnischer und deutscher Sprache statt. Sie werden in Vorbereitungssitzungen konzipiert und je nach Sprachkompetenz in Gruppen durchgeführt. Für diejenigen, die sich zur Fortsetzung der Arbeit in nationalen Sprachen entschließen, werden gemeinsame Veranstaltungen übersetzt.

Inhaltlich bietet das Projekt vor allem eine Einführung in die problematischen Felder der Frauenpolitik in Polen und Deutschland, wie z.B.: Arbeitsmarkt, Gesundheitswesen, Abtreibungsdebatten, Gleichstellung der Geschlechter in juristischer Hinsicht, politisches Engagement von Frauen. Diese Veranstaltung wird von einer Ringvorlesung über Frauen und Gender-Problematik in Literatur und Kunst begleitet.

Die GENDA-Gruppe füllt somit eine Lücke, die das o.g. Kooperationsprojekt nicht füllen kann, da es nicht an die Region gebunden ist. An der deutsch-polnischen Grenze sind interkulturelle Seminare zur Gender-Problematik besonders wichtig, sie können nur vor Ort organisiert werden.

Finanzielle Grundlage von GENDA sind eingeworbene Drittmittel. Dies bedeutet, dass sich die Initiative entwickeln kann, solange es Gelder gibt. Das Projekt hat außerdem den Status eines Zusatzangebotes am Collegium Polonicum, der gemeinsamen Einrichtung für deutsch-polnische Forschung und Lehre an der Europa-Universität Viadrina und der Posener Adam Mickiewicz-Universität. Bisher gibt es keine Aussichten auf eine institutionelle Etablierung dieses Programms, das als Ergänzung oder „Frankfurter Standbein" des Kooperationsprojekts mit Potsdam verstanden werden könnte. Keine von den hier erwähnten Formen hat die Chance auf eine institutionelle Verankerung, die der Gender-Forschung eine dauerhafte Existenz an einer Universität garantieren würde.

---

[28] Gründungsmitglieder der Gruppe sind: JOANNA MATUSZAK (Germanistik), DARIUSZ BALEJKO (Kulturwissenschaft), JOLANTA GAMBUŚ (Bibliothekswesen) und ALEKSANDRA KUBICKA (Politologie).

4.3 „Gender Studies" in Polen

In Polen sind „Gender Studies" nicht aus einer Debatte um „Women's Studies" entstanden. Dies liegt u.a. daran, dass es keine eigentlichen „Women's Studies" gibt. Es gibt zwar mehrere Forschungsgruppen, fakultative Seminare an der Polnischen Akademie der Wissenschaften in Warschau, an den Universitäten in Warschau, in Posen oder in Lódź sowie Sonderveranstaltungen in Zentren der NGO's (Zentrum der Frauenrechte; Föderation für Frauenangelegenheiten und Familienplanung; Informationszentrum der Frauenaktivitäten), jedoch keine eigentlichen Women's Studies.

Unter den Veröffentlichungen im Bereich der Geschichte, Soziologie und Literaturwissenschaft sind immer mehr Texte zu finden, in denen Ergebnisse der Forschung über die Rolle der Frauen in der Geschichte und Gegenwart dargestellt werden. Das Vergessene und Verdrängte in Bezug auf Frauen wird langsam der Vergessenheit entrissen. In diesem Sinne wären „Women's Studies" notwendig, denn es gibt noch viele Bereiche des nicht Erkannten und des noch nicht Erkundeten. Eine programmatische Zielsetzung wird in diesen Arbeiten jedoch nicht formuliert. Bisher existieren nur zwei Universitäten in Polen, an denen es „Gender Studies" gibt, die Warschauer und die Krakauer.

Das *Warschauer Modell* der „Gender Studies" ist im Vergleich mit anderen akademischen Bildungsformen in Polen nicht traditionell aufgebaut. Das Wissen wird nicht ex cathedra, sondern in Form von themengebundenen Seminaren in unterschiedlichen wissenschaftlichen Fächern vermittelt, die jedes Semester neu konzipiert werden. Der Stoff wiederholt sich nur selten. Die Mitarbeiterinnen und Mitarbeiter bilden keinen festen Lehrkörper und werden unter den Women's- und Gender-Forscherinnen und Forschern in ganz Polen ausgesucht. Das Team ändert sich permanent, jede lehrende Person bestreitet 2 bis 3 Semester, dann erfolgt für sie eine Pause von zwei Semestern. Auf diese Weise können im Laufe von 4 Semestern des Studiums mehrere, wenn auch nicht alle, Fächer vertreten werden. Diese Rekrutierungspraxis der Lehrenden führt zur Vermehrung der Spezialistinnen und Spezialisten für die Gender Problematik.

Das Studium dauert zwei Jahre. Es ist ein interdisziplinäres (Weiterbildungs-) Studium, das Seminare aus allen an der Warschauer Universität vertretenen Fächern umfasst. Verpflichtend sind die aktive Teilnahme, Hausarbeiten, Nachdiplomarbeit und ein Praktikum im NGO-Bereich.

Die fortbildende Form der „Gender Studies" ist eine Notlösung. Es war nicht möglich, eine neue Studienrichtung zu gründen. *Die polnischen Universitäten dürfen*, trotz ihrer relativ großen Autonomie im Bereich der Finanzierung, der Arbeitsweisen und Arbeitsmethoden, *weder neue Studienrichtungen einführen noch die Struktur der Lehre ändern*. Darüber entscheidet nach dem aktuellen Hochschulgesetz nach wie vor zentral das Ministerium für Nationale Edukation. Das Ministerium befürwortete bisher nur theoretisch die Gender Studies, so z.B. in den Berichten, die es für internationale Foren vorbereitet, wie im Bericht für das Treffen „Beijing + 5" in Washington im Jahre 2000. Dort werden die Warschauer „Gender Studies" als eine eigene Leistung der Regierung erwähnt, was nur bedingt wahr ist. Richtig ist, dass das Studium von der Regierung nicht verboten wurde und seine Absolventen einen staatlichen Abschluss erhalten, ein Abschlussdiplom von dem Ministerium der Nationalen Edukation. Die einzig mögliche Form der Gründung neuer Studiengänge ist also ein Nachdiplomstudiengang, der je nach Thematik an eine entsprechende Fakultät gebunden wird.

Ein Nachteil des Fortbildungsstudium ist, dass es nicht institutionell verankert und von auswärtigen Geldern abhängig ist. Dies hat zur Folge, dass es nur so lange existiert, wie es von einer Fakultät akzeptiert und extern finanziell unterstützt wird.

Eine weitere Besonderheit bilden die experimentellen Seminare, die von zwei Lehrenden unterschiedlicher Fachrichtungen, geleitet werden. Zu solchen Veranstaltungen gehören auch Schreibwerkstätten, die z.B. von bekannten Schriftstellerinnen (IZABELA FILIPIAK, INGA IWASIÓW) bzw. Publizistinnen (KINGA DUNIN) durchgeführt werden.. Interessierte Studierende können sich in laufenden Forschungsprojekten einzelner Seminarleiterinnen oder Seminarleiter engagieren.

Bisher gab es folgende Projekte:
- Dr. JOANNA PARTYKA (Kulturanthropologin und Historikerin) zum Thema „Polnisch und lateinisch schreibende Frauen im 16. und 17. Jahrhundert";
- Photographieren von Frauen durch Frauen, OLGA STEFANIUK (Kulturwissenschaftlerin);
- Interviews mit politisch aktiven Frauen der 80er Jahre, IZABELA FILIPIAK (Schriftstellerin).

Aus Letzterem entstand eine Publikation, die Interviews einer „Gender-Absolventin" mit Solidarność-Frauen enthält.[29]

Desweiteren bilden Gender-Seminare und Vorlesungen, die von Lehrkräften in ihren eigenen Instituten im Rahmen des Lehrdeputats angeboten werden, einen Versuch, die Geschlechterproblematik in die akademische „Mainstream-Bildung" einzubinden und so „Gender Studies" in der Lehre präsent zu machen..

Gender Studies an der *Jagielloner Universität in Krakau* sind als Fernstudium angelegt. Dieser Studiengang ist ebenfalls nur für Interessierte gedacht und nicht für die Ausbildung von Leitungspersonal der Hochschulverwaltungen, von denen die Umsetzung der EU-Richtlinien zu Gender-Mainstraeming abhängt. Damit dies künftig reibungslos verläuft, muss die Komplexität der Gender-Bildung berücksichtigt werden. Dabei stößt man auf ein Dilemma, das weder in Ost- noch in Westeuropa gelöst worden ist. Es verbindet sich mit dem Problem des Kanons in der Lehre.

Einerseits kann man sich „Gender Studies" kaum als eine Lehre ex cathedra vorstellen, denn „Gender Studies" basieren auf der interdisziplinären Wissensvermittlung in Form von direkten Analysen, intensiven Diskussionen und Interaktionen. Studierende fragen jedoch immer häufiger nach Vorlesungen, die nicht nur das Gender-Instrumentarium, sondern auch die bisherigen Erkenntnisse aus diesem Bereich darstellen sollen. Das wird zum Teil durch Ringvorlesungen abgedeckt. Ihr Nachteil ist jedoch, dass sie auf eine gewisse Zufälligkeit angewiesen sind und sich mit einem festen Programm nicht verbinden lassen. Solange es keine einschlägigen Lehrbücher zu „Gender Studies" gibt, kann studentischen Erwartungen nicht entsprochen werden. Ein festes Programm und ein Satz von Lehrbüchern bergen wiederum die Gefahr eines verschulten Bildungssystems in sich. Ein bewährtes Curriculum und Überblicksvorlesungen gehören jedoch zu Unterrichtsformen, deren Existenz von der akademischen Etablierung einer neuen Disziplin zeugen. In diesem Zusammenhang muss intensiv nicht nur über die Institutionalisierung, sondern auch über die Lehre in „Gender Studies" nachgedacht werden, wenn man die EU-Richtlinien zu Gender-Mainstraeming politisch tatsächlich wirksam machen möchten.

---

[29] EWA KONDRATOWICZ: Szminka an sztandarze (Schminke auf den Fahnen). Warszawa 2002.

Mineke Bosch

5. Gender mainstreaming European Research: an example for national policies and projects

5.1 EQUAL-project 'Bridging the Gender gap at universities'

In the summer of 2002 the Center for Gender and Diversity at University Maastricht received funding from the (European) ESF-Equal Programme and the Dutch Ministry of Social Affairs and Labour to carry out the project 'Bridging the Gender gap at universities'. ESF-Equal is a new transnational EU programme (successor of Adapt and Employment). The EQUAL-programme aims at creating equal opportunities and fight discrimination in the labour market. One of the pillars of the programme is concerned with bridging the gender gap and horizontal/vertical segregation in the labour market. Besides University Maastricht two other Dutch universities participate in the project: Nijmegen Catholic University (KUN) and the Free (protestant) University (VU) in Amsterdam. The development partnership further includes The Dutch Foundation of Women's Studies (NGV) and the university based network of Equal Opportunities officers (LOEKWO).[30] There is also a transnational project together with the Universidad de Valencia (Spain) which mainly focuses on the exchange of good practices.

The main objective of this Equal-project is to systematically introduce the concept and principles of gender mainstreaming in the context of Dutch universities. Gender mainstreaming – as will be dealt with more in detail later - is an integral policy strategy for promoting equal opportunities that aims to mobilise all general policy programmes and practices to support the purposes of gender equality and diversity. The motive to introduce gender mainstreaming at Dutch universities is the seemingly unchangeable under-representation of women in higher scientific and management positions at Dutch universities (She figures 2003, 64). This under-representation can be ascribed to complex processes that in the literature are captured under metaphors such as the 'leaky pipeline' and the 'glass ceiling'. The 'leaky pipeline' refers to the fact that less women get into the science system, while at the same time more women get out. This pattern can be

---

[30] Different from the situation in Germany the position of 'Frauenbeauftragte' in the Netherlands is not and never has been obligatory. The institution of the equal opportunities officer came up in the beginning of the nineties, and is withering away fast in the last few years. The LOEKWO in fact still exists only on paper.

visualised in the (in)famous 'scissors-diagram'[31]. The glass ceiling points to the fact that for women 'to get on' in the science system is more difficult than for men. There are 'invisible' barriers inherent in the 'gender system' in science and at universities that keep women from being promoted at the same pace as men. The under-representation of women is not just a legal and political matter of fairness and justice, but also a matter of efficiency and a loss of talents.

More than a decade of so-called emancipation policies at universities have not been able to redress the balance. Such policies mostly consisted of unrelated activities and projects addressed at women in their social functions of mothers, much less at women as teachers and researchers. They lacked coherence, continuity and the construction of an expanding knowledge base for action, as well as a political perspective. The main aim of this Equal-project therefore is to systematically introduce the concept and principles of gender mainstreaming in the context of higher education and research in order to vitalise gender equality policies. It does so in imitation of the successful implementation of gender mainstreaming in European research, as will be explained under. The project is also a continuation of earlier actions and projects of the Centre for Gender and Diversity. For instance participation in the European report *Gender Policies in the European Union. Promoting Excellence through Mainstreaming Gender Equality* [32], the *Manual on Gender Mainstreaming at Universities* [33] and the *Gender Impact Assessment* of the specific programme Quality of Life and Management of Living Resources of FP5.

Activities

All three universities carry out a so-called focus project. The Vrije Universiteit (VU) decided to mainstream gender equality in the merging process with a polytechnic (Hoogeschool Windesheim) towards a 'University of the 21st century'. The Catholic University Nijmegen (KUN) focuses on the full integration of gender perspectives in the recruitment and ap-

---

[31] ETAN Bericht. Wissenschaftspolitik in der Europäischen Union. Förderung herausragender wissenschaftlicher Leistungen durch Gender Mainstreaming. Veröffentlichung der Europäischen Kommission, 2001. Bezug über: improving@cec.eu.int oder http://www.cordis.lu/rtd2002/science-society/women.htm, S. 13
[32] ders.
[33] STEVENS, ILS; LAMOEN, ILSE VAN; Manual on Gender Mainstreaming at Universities, Centrum vor Gelikje Kansenbeleid, K. U. Leuven, Garant 2001

pointment procedures for scientific and higher management personnel as a starting point for the introduction of gender mainstreaming in the policy processes. Maastricht University concentrates on the introduction of gender mainstreaming in research policies. Here an internal research stimulation programme (Breedtestrategie) is assessed, and recommendations are made to integrate gender aspects in the development and implementation of the programme. Besides that the focus is on spreading and integrating in faculty policies the expertise and best practices which were developed in a specific 'research atelier'-project mainly addressed to women scientists (Onderzoeksatelier V/m UM).

Annual themes

Besides the focus projects, three annual themes have been taken up around which the universities install smaller projects. In 2002, the starting year, the central theme was Gender mainstreaming. All participants were provided with the necessary information on this subject through an international workshop and a CD-rom with basic texts on the subject. The theme for 2003 was management information and the development of good gender indicators in the statistics of universities and science. Management information is an essential source instrument for gender mainstreaming. The current management information systems need to (and can) provide more relevant data on gender issues. The 2004-theme is strategy and building ownership. The Dutch Association for Women's Studies (NGV) and the LOEKWO function especially in the annual themes as platforms for reflection, information and dissemination.

Beneficiaries and Dissemination

The Equal project Bridging the gender gap at Universities has no beneficiaries in the classical sense of target groups. The people addressed in the project are firstly policy makers managers and decision makers (f/m) in the universities, secondly women and men working in universities. The ways in which the products and results of the project are disseminated are manifold. To begin with a Website was developed: www.gendergap.nl which is updated regularly. Two annual conferences were organised – with international speakers - which addressed a national audience. Several thematic meetings were held on the annual themes some of which aimed at expert university personnel or other organisations involved in 'women and science'. Especially the NGV has been an important dissemination channel that regularly published EQUAL-news in its News letter. A 'Genderkalender for 2004', made up of a weekly contribution to one of the twelve themes in the area of gender mainstreaming at universities, was distributed, as well as the earlier mentioned CD with articles and texts on Gender Mainstreaming. In the context of the management information theme posters were made in 2003 and 2004 and widely distributed, addressing the under-representation of women in university boards, as well as the 'glass ceiling' within the scientific hierarchy. This action was reported in national, regional and local media. As a follow-up of this publicity act a special brochure with gender statistics and indicators will be published in cooperation with organisations such as the LNHV (Dutch Women Professors) and the Simone de Beauvoir Foundation. In cooperation with the Spanish partners a Guide to Good Practices will be published. Last but not least lectures were held in the Netherlands, Belgium, Germany to share the experiences of the project. At this moment – and at the request of the Dutch national Agency of ESF-Equal – a second project is under construction in which hopefully partners will be found in the Dutch Organisation for Scientific Research (NWO), the Dutch Organisation of Universities (VSNU) and the Ministry for Education and Research.

Wider Gains

The main aim of the project is to introduce a new framework for policy making: gender mainstreaming in order to increase the number of women in higher scientific positions at Dutch universities. At the same time we hope to get some wider gains such as a better awareness - nationwide - of the issue, changes in the (uniform and masculine) university culture, a quality increase of scientific research and education through the use of the knowledge and expertise of a larger quantity of talented women, a more diverse academic leadership with more women in the higher positions, improvement of the quality of management as a whole through the introduction of gender mainstreaming.

5.2 Gender Mainstreaming: concepts and history

The project's focus on the concept and strategy of gender mainstreaming in Dutch universities stems firstly from the promises that the theory held to unify fragmented equal opportunities practices and to transform university life rather than to redress some imbalances. But secondly the project's focus stems from the experience and knowledge we have of how gender mainstreaming since 1998 was taken up by the European Commission, especially in the policy area of European Research. There the Commissioner Edith Cresson took advantage of the worldwide upheaval the Swedish medical researchers AGNES WOLD and WENNERÅS caused by their proof of nepotism and sexism in peer review, and pushed the general policy of gender mainstreaming in her portfolio.[34] Before I give a more elaborate description of the 'European case', I will discuss the concept of gender mainstreaming in general. Gender Mainstreaming as a policy principle has been taken on board by many institutions quickly and widely since about 1995. Where does it come from? How does it differ from other strategies towards equal opportunities? How is it done? And how successful is it?

5.2.1 Gender mainstreaming: two definitions

Gender as the key concept in late twentieth century feminism and emancipation refers to the way in which definitions of (biological differences between) men and women give meaning to and organise the social relations between the sexes. Gender is a basic category of society, pervading all meaningful practices and social institutions. Gender always has a power dimension since in Western culture the male or the masculine is defined as the (neutral) standard, the female or feminine as the specific aberration of the norm. The focus on gender instead of 'women' is meant to draw attention to the fact that always and everywhere gender is at stake, and to assess that not only 'women' but also 'men' and institutions are gendered. Mainstreaming as a policy strategy adds up to the idea that gender is in all we

---

[34] WENNERÅS, C. & A. WOLD, Nepotism and Sexism in Peer Review. Commentary. *Nature*, (1997), 22. The EC decided upon a systematic policy of gender mainstreaming in 1996: European Commission, *Incorporating Equal Opportunities for Women and Men into All Community Policies and Activities*, Communication from the Commission, COM (96) 97 final.

think and do, and that it is not just women that bear the burden of gender inequality, but also men and institutions.

The definition of gender mainstreaming that has become almost 'standard' is the one the Council of Europe drew up in 1998:

Gender mainstreaming is the (re)organisation, improvement, development and evaluation of policy processes so that a gender equality perspective is incorporated in all policies and at all stages by the actors normally involved in policy-making.[35]

The emphasis in this definition is on a holistic approach to 'business as usual'. There is no hint of extra efforts necessary. The actors 'normally involved' are supposed to integrate the perspective of gender equality into their practices and the definition implies confidence in their capacities to do so. The European Commission came up with another definition:

Gender mainstreaming involves not restricting efforts to promote equality to the implementation of specific measures to help women, but mobilizing all general policies and measures specifically for the purpose of achieving equality by actively and openly taking into account at the planning stage their possible effect on the respective situations of men and women.

Here the emphasis is slightly different: gender mainstreaming shifts the attention from 'special action' to the general policies in order to reach equality for men and women. It also, and quite explicitly, says – and definitions normally do this tacitly – what gender mainstreaming is not. Before we address the question why the concept has been so successful we'll answer the question of how it came into being and where did it travel so far.

5.2.2 Where does it come from? (and where did it go so far?)

The concept of gender mainstreaming was defined first in the context of development issues, as it was discovered that development projects that did not take account of gender differences failed often in the implementation. This insight in itself can be seen a result of the influence of feminism and gender studies as a critical practice which gained ground since the seventies of the last century. In 1985 the concept of gender mainstreaming as a policy strategy was first mentioned at the United Nations Third Conference on Women in Nairobi. From there it travelled to the Council of Europe,

---

[35] COUNCIL OF EUROPE, Gender Mainstreaming. Conceptual Framework, Methodology and Presentation of Good Practices. Strassbourg, Council of Europe, May 1998.

where in 1994 the notion of gender mainstreaming was taken up as the best strategy for equal opportunities policies. In 1995, at the United Nations Fourth Conference on Women in Beijing gender mainstreaming was further endorsed as a strategy to be implemented by all member states of the UN. This opened the door to the European Union.[36] In 1996 the Commission of the European Communities (or European Commission) endorsed the Communication 'Incorporating Equal Opportunities for Women and Men into all Community Policies and Activities'[37]. As a consequence, in 1997 the Amsterdam Treaty made gender equality into a 'fundamental principle' of Community activity. Art. 2 and 3, 2 compel member states to an active policy of gender equality in the sense of Gender Mainstreaming. Since then mainstreaming gender equality became a topic in various community policies and activities, including the EU research policies, as well as in most member states. In the Netherlands the assignment was taken up in the Medium Term Emancipation Policy Plan which resulted in a cabinet's standpoint on gender mainstreaming in 2001.

5.2.3 How does gender mainstreaming differ from equal opportunities policies?

Gender mainstreaming as a policy strategy aims at combating gender inequalities. As such it is a successor strategy to earlier equal opportunities policies or emancipation policies. Teresa Rees, who is one of the main theorists and policy experts in the field of gender mainstreaming makes the following distinction between different phases or schools of thought in the struggle against gender inequality: 'tinkering', 'tailoring' and 'transforming'.[38]

Tinkering refers to the liberal approach towards emancipation. The emphasis is on 'equal treatment' in the sense of equal rights and equal treatment for the law. There is not so much work in this area to be done anymore, though the concept of indirect discrimination has broadened the definition of equal treatment. A distinction should always been made between *equality* and *sameness*. Sometimes equal treatment or treating men and

---

[36] MAZEY, SONYA
[37] COM (96) 67 final, 21.02.'96
[38] REES, TERESA, Mainstreaming Equality in the European Union. London, Routledge, 1998. REES, T., Women and the EC Training Programmes: Tinkering, Tailoring, Transforming. Bristol, University of Bristol, SAUS Publications, 1995.

women the same is unfair because of the different starting points of men and women, or different physical qualities. This means that within the concept of equality there is room for the concept of difference and that the women's demand to become equal should not be taken for the wish to become identical with men.

Tailoring refers to the measures specifically directed to women to redress the balance of age-long unequal treatment – this is what we know best about emancipation policies as we call equal opportunities policies in the Netherlands. The emphasis here is on special projects or special funds for women to redress the balance. Such special treatment has been and is important, but it is not enough: they are always temporary and 'extra', and as 'extra' always prone to cuts in the budget. Also they assess 'women's difference' so to speak, or women as in need of change or support. But not only women are the 'problems' here, men need to change as well, or more generally speaking: the organisation needs to change to incorporate men and women (sometimes differential) on an equal basis.

That is exactly what gender mainstreaming strives at: *transforming the mainstream*. By a long-term, holistic approach towards the integration of a gender equality perspective in all policies and decisions, gender mainstreaming hopes not only to create more equity and fairness, but certainly also more efficiency. If the needs of women are incorporated in the policy processes right from the beginning these policies are likely to be more effective for being more inclusive for all kinds of people who do not meet the standard definition of the often too generally taken target group. It should be added that the three approaches are not mutually exclusive, but always complementary. This has been expressed by Booth and Bennett in their proposal for a new metaphor for equality policy as a three legs 'Equality stool'.[39] It is not a matter of the one or the other, either tinkering/tailoring or transforming, but most likely of 'both – and'. In EC-policy making this principle or methodology is referred to as the 'dual approach': positive action and integrating gender equality.

---

[39] BOOTH, CHRISTINE and CINNAMON BENNETT (2002) 'Gender Mainstreaming in the European Union', *The European Journal of Women's Studies*, 9/4: 430-446.

5.3 How should it be done?

In the *Manual on Gender Mainstreaming at Universities*[40] four 'toolkits' or basic sets of instruments were proposed to help implement gender mainstreaming: Implementation and Organisation, Measurement and Monitoring, Gender Proofing and Evaluation, Building Awareness and Ownership. Later on we have added Training as a separate category of instruments since it is basic to the process to create a knowledge base in every organisation regarding gender.

Implementation and Organisation

Even though gender mainstreaming is the responsibility of all the actors 'normally involved' in the policy processes of the organisation there should be a support structure to make sure gender mainstreaming is implemented. It is important – certainly in its first stage - that there are some identifiable persons who are responsible for initiating and coordinating activities in this respect. This means that the 'old' equal opportunities' structures should not be abolished just like that, but also, that these structures have to be transformed to the requirements of gender mainstreaming.

Measurement and Monitoring

is addressed especially to issues of the participation of women and men. In order to know which gender inequalities there are in the organisation, it is necessary to develop gender equality indicators and to measure and monitor the processes of change in this respect on a regular basis. Gender equality indicators are different for every policy domain or aspect of the organisation.

Measurement and monitoring are also effective instrument when participation targets are formulated. Especially in administrative boards and committees a balanced representation of men and women is an important facilitator of gender mainstreaming.

Gender proofing and evaluation

is addressed more to the content (or the core business) of the organisation and its policies. Gender proofing comes out of the need to analyse strategic plans and policy papers, the budget or in-house procedures to

---

[40] STEVENS, ILSE and ILSE VAN LAMOEN (2001), Manual on Gender Mainstreaming at Universities. Leuven/Apeldoorn: Garant. This manual came out as a result of the European project 'Equal opportunities at Universities: a gender mainstreaming approach' (Project VS/2000/0358-DG EMPL/D/5-S12.244161).

prevent existing biases or gender gaps to be reproduced and sometimes even enlarged. Among the analytical tools several have been developed to check the differential effect of intended policies and procedures for men and women, as well as tools to assess and monitor current policies. The most well-known and important gender proofing tool is (standard) Gender Impact Assessment (it was originally know as EER: Emancipation Evaluation Report).[41] Preferably it is an ex-ante operation but often specific subject related GIA's have been done to evaluate (ex-post) implemented policies. The most important example of this is the large Gender Impact Assessment operation undertaken by the European Commission to evaluate the gender dimension the Fifth Framework Programme. We will come back to this later.

A GIA helps policy and decision makers to assess whether an intended policy or strategy has a gender dimension, what is the expected outcome of a certain policy and whether the policy can be changed so that gender equality is promoted by the policy at the same time as the policy reaches its intended goal? There are also other – standardized – gender dimension assessment tools. In Sweden the 3R-method is used, which analyses an organisation according to three aspects of an organisation (beginning with an R): Representation (of women and men in committees etc.), Resources (how are they divided among men and women), Reality (how are the differences between men and women in terms of who does what on which terms, who gets what etc.)[42]

Building Awareness and Ownership

As Gender mainstreaming depends on the actors normally involved in policy making, it is important that these actors are convinced of the need and the positive aspects of this policy principle. They need to be aware of the often invisible mechanisms of gender inequalities and the detrimental effects of these on the organisation. As it is important that a gender dimension is included in 'all policies and decisions' in an organisation gender

---

[41] The first widely used standard EER was developed by Dutch gender studies scholar Dr. MIEKE VERLOO who was also chair of the group of experts on Gender Mainstreaming of the Council of Europe: VERLOO, MIEKE & CONIE ROGGENBAND, Emancipatie-effect rapportage, theoretisch kader, methodiek en voorbeeldrapportages. Den Haag, Ministerie van Sociale Zaken en Werkgelegenheid, 1994; VERLOO, MIEKE & C. ROGGENBAND,'Gender Impact Assessment: the development of a New Instrument in the Netherlands.' *Impact Assessment*, 14, (March 1996), 1, p. 3-20.

[42] LUNDKVIST, H. (1998) A Strategic Mix of Tools: The 3R Method at the Local Level, Sweden. Julkaisussa Gender Mainstreaming-Conceptual framework, methodology and presentation of good practices. Strasbourg: Council of Europe, 1998.

mainstreaming can not or hardly succeed when there is no sense of urgency which may be produced by legal measures or a firm commitment from the top. Anyhow, gender mainstreaming is normally approached top-down.

Training

The successful implementation of gender mainstreaming depends further on a very important instrument which should be used in relation to all the sets of instruments, and which is training. Not only is training needed to provide the actors normally involved with the existing expertise, training is also necessary to build awareness and ownership. How to collect gender equality indicators and how to interpret the data? How can a gender impact assessment been done? How to undertake a gender proofing of PR material or policy papers? Gender mainstreaming is about 'transforming' an organisation, which cannot happen on a too small basis of expertise and awareness. When expertise, awareness and ownership of gender inequalities are insufficient the process of gender mainstreaming often shipwrecks on resistance.

5.4 Gender mainstreaming European research: an overview

So far we have learned a little bit about the several conceptions of gender mainstreaming, its historical policy context and some of its instruments and tools. It is time to show how it works in practice. The example that the Dutch Equal project Bridging the Gendergap at Universities oriented upon especially when developing the project on gender mainstreaming at universities, is the European Commission's research policies and practice regarding gender mainstreaming. In the following the focus is on the way in which gender equality was mainstreamed in European research policies, and why we consider this example as a very good practice!

5.4.1 The radical potential of the EC's aim to promote research by for and about women

Although there is of course a pre-history to this story, it is safe to begin the overview of the integration of gender equality in European research policies in 1999, when the following Communication was issued: *Women and Science: Mobilising women to enrich European Research.*[43] This text entailed a few very important principles:

- gender mainstreaming as the basis of equal opportunities in research and science
- the recognition that the under-representation of women is detrimental for science and research processes as well as for women scientists – 40% rule for participation of women in all committees and panels
- the need for a multi-level or holistic approach to the integration of women/gender in research, which is expressed in the three-fold objective of promoting research *by* women, *for* women and *about* women.

Although gender studies experts and scholars criticised this last formula for its focus on 'women' instead of women and men' or 'gender', yet the three-fold objective proved to be revolutionary. In fact, it enabled to connect what has always been disconnected in emancipation or equal opportunities policies in research and at universities: the gender dimension **in** research in terms of *numbers* of women or the participation of women, and the gender dimension **of** research as a matter of *content*. Most often these two issues were focused upon separately and by different groups of actorsas is highlighted for instance in a special issue of *Osiris* on Women in Science and Gender in Science. In this issue the science historian LONDA SCHIEBINGER complained:

One reason [of the continuing inequalities women in science, MB] is the tragic divide between increasingly self-contained groups of experts: those who fashion and fund intervention programs designed to increase the number of women in science, historians and philosophers of women and gender in science, and scientists.' (1997, 202).[44]

Indeed a third party in this is formed by the women scientists who most often would rather not be associated with women or gender. In the Netherlands (but not just in the Netherlands) the concern about numbers of women in science for a long time has been the concern of (a few rather isolated) emancipation policy makers who were most often situated in the personnel department in the central bureaus of the universities far from the core-business or research and teaching in the faculties. The critique of science from a gender perspective, or the integration of the gender dimension in the content of research was the assignment of gender studies departments and its academic staff in the faculties. The European Commission in the three-fold objective of promoting research by, for and about

---

[43] (COM (1999) 76 final 17.02.1999)
[44] SCHIEBINGER, LONDA, 1997: Creating Sustainable Science. In: *Osiris,* Vol. 12, S.201-216.

women recognised not only that the participation of women is closely connected to the contents of science, but in doing so was capable of tapping the resources of different expert and interest groups in the field. One of the remarkable aspects of the gender mainstreaming policy of the European Union is the participation and cooperation of such diverse groups as decision makers and policy makers in science, gender studies specialists and women scientists from many walks of scientific life. The ETAN expert group on Women and Science, which was created at about the same time as the Communication can serve as an example. It consisted of a diverse group of women ranging from an ex minister of Science and Education, the head of an equal opportunities unit in a federal Ministry of Science and Education, several prominent members of the national and international research community, and a few scholars in gender studies specialised in policy research and gender and science studies.

5.4.2 Policy Forum

The Communication on Women and Science set the policy frame to develop a Policy Forum and a Gender Watch System.[45] As part of the Policy Forum the so called 'ETAN report' was prepared to give a solid basis to future policies. Its proper title is *Research Policies in the European Union: promoting Excellence through Mainstreaming Gender Equality.*[46] This report not only documented the situation of women in universities, research institutions and academies of science. It identified and explained the existence of a leaky pipeline (the fact that more women leave science and research than men), and it addressed the question of (un)fairness in funding. It paid due attention to the importance of gender indicators and statistics and made a confounded plea for the general introduction of gender mainstreaming as a policy principle in all organisations of science and research.

The ETAN report prepared the way for the instalment (at a conference in Helsinki, November, 31 December, 1 1999) of the so called Helsinki group.

---

[45] COMMISSION OF THE EUROPEAN COMMUNITIES, *Women and Science: the Gender Dimension as a Leverage for Reforming Science.* Brussels, Commission Staff Working Paper, 15-05-2001, SEC (2001) 771.
[46] EUROPEAN COMMISSION (Osborn, M., Rees T., Bosch, M. et al.), *Science Policies in the European Union. Promoting Excellence through Mainstreaming Gender Equality. A Report from the ETAN Expert Group on Women and Science.* Luxembourg, European Commission, Office for Official Publications of the European Communities, 2000.

This group consists of civil servants from member states and associated countries, and has been assigned the task to help the Commission to collect and harmonise data on women in science in Europe, and to ensure a thorough exchange of knowledge and information on policies regarding gender equality in science in the associated countries. As for the data collection the Helsinki group advised the Commission to use a triple approach of 'top down' and 'bottom-up' data collection, as well as integrating the gender dimension in benchmarking. In 2003 the practical results of this approach has been the publication of the *She-figures 2003*, which give a detailed state of the art with respect to women and science in the European Union and Associated countries.[47] In 2002 a report was published containing a comprehensive inventory of national policies.[48] At the same time a new study was commissioned to look into the situation of women in science in the private sector.[49] This was followed by the assignment for another study of women and science in the associated countries and future members of the European Union.[50]

5.4.3 Gender Watch system

As part of the gender watch steps were taken to develop a system to monitor the 40% target in respect of participation of women (or men) in all committees and panels, and projects. As this proved more difficult than expected the task to collect such data for FP5 was integrated in the Gender Impact Assessment studies of the FP5. Indeed, perhaps the most far-reaching action the European Commission took was the assignment of seven Gender Impact Assessment studies to analyse the integration of the gender

---

[47] EUROPEAN COMMISSION (DG Research, Women and Science), She Figures 2003. Women and Science Statistics and indicators. Luxembourg: Office for Official Publications of the European Commission, 2003. (EUR 20733)
[48] EUROPEAN COMMISSION, Directorate General for Research, (REES, T.) National Policies on Women and Science in Europe. The Helsinki Group on Women and Science. EC, Directorate-General for Research, Women and Science.Luxembourg, Office for Official Publications of the European Communities, 2002. (Helsinki report)
[49] EUROPEAN COMMISSION, Directorate General for Research, (REES, T.) Women in Industrial Research. A wake-up call for European Industry. A report prepared for the European Commission by a High Level Expert Group on Women in Industrial Research (WIR) for Strategic Analysis for Specific Science and Technology Policy Issues. (STRATA).
[50] EUROPEAN COMMISSION, Directorate General for Research, Waste of Talents: turning private struggles into a public issue. Women and Science in the ENWISE countries. (EUR 20955 EN)

dimension – in its three aspects of research by women, for women and about women - in the thematic and horizontal programs of the FP5, covering the whole of FP5 research. As part of this operation seven research groups did pioneering work in developing methods and standards for analysing the gender dimension of European Research in its several dimensions of development, implementation and evaluation. They analysed not only work programmes and implementations documents, but also the texts of projects and their evaluation reports. These studies were followed by a synthesis report which summarised the results and the recommendations[51].

Except for the participation of women in committees which had gone up remarkably as a result of the 40% rule, the outcome of the assessment was by and large: little to no awareness of gender aspects in the work program, the procedures and the projects. This, however, was as could be expected, but it wasn't the most important result of the operation. Far more important than to assess failure it is to point out how the studies provided for precise and well reasoned recommendations which reached the field in the process of development of the FP6.

5.4.4 Integration of the gender dimension in FP6

What makes the European example of gender mainstreaming research such an inspiring example, is the fact that not even one year later many of the many recommendations have been integrated in the Sixth Framwork Programme (FP6). How far and wide gender equality was integrated in FP6 can be deduced from the Vademecum on Gender Mainstreaming in the 6th Framework Programme, which was published by the Commission in 2003.[52] For its two-fold (originally three fold) approach to the integration of gender equality in research policy a new formula was presented: GE = GD + WP (Gender Equality = Gender Dimension in the research content +

---

[51] EUROPEAN COMMISSION, Gender in research. Gender Impact Assessment of the specific programmes of the Fifth Framework Programme. An overview. Brussel, 2001. (EUR 20022). We did one of the studies: European Commission (INEKE KLINGE and MINEKE BOSCH), Gender in research. Gender Impact Assessment of the specific programmes of the Fifth Framework Programme - Quality of life and management of living resources. Brussel, 2001. (EUR 200017)
[52] EUROPEAN COMMISSION, DG Research, Unit C5, Vademecum on Gender Mainstreaming in the 6th Framework Programme. Reference Guide for Scientific Officers/Project Officers. (March 2003): ftp://ftp.cordis.lu/pub/science-society/docs/gendervademecum.pdf

encouraging Women's Participation in research. The main purpose of this text, however, was to inform the research community of where exactly in the provisions of the FP6 a gender dimension was included. According to the Vademecum the implementation of gender equality in European research was pertinent to all phases of research development and implementation: the proposal phase, the encoding phase, in the composition of the evaluation panel, in the briefing of the evaluators, in the evaluation, the contract negotiations and the follow-up. A comprehensive list of Annexes was attached to the document showing the precise formulations of how to include the gender dimension in the several implementation documents. Most striking of the way in which gender mainstreaming has found its way into European research is in the provisions that for two main implementation tools for European Research, the Integrated Projects and the Networks of Excellence, Action Plans have to be developed, apart from the inclusion of a gender dimension in the content of the (IP) proposal.

5.5 Gender mainstreaming European research: why is it a good practice?

Especially from a Dutch perspective, where the government abstains from any action towards a systematic policy of gender mainstreaming in science and research, the European case presents an astonishing success story. In this section I will try to explain this success in terms of the different sets of tools that according to the theory are important to 'do' gender mainstreaming.

Building awareness and ownership
When we consider what have been key factors in the success of European policy regarding gender equality in research, the first is the aptness of the Commission to build *ownership and awareness*. The Commission has succeeded in putting the under-representation of women in research on the agenda as a serious problem not just of unfairness but especially of waste of talents, and in making people aware of the need to address the problem on the basis of a gender mainstreaming policy. It did so moreover on the basis of a definition of gender equality which implies not only the participation of women in research, but also the gender dimension of research. In doing so the Commission has been able to bridge the usual gap between 'science and society', which is responsible for the usual division between

scientists and policy makers, central university bureaus and decentralised faculties, professionals and bureaucrats.

It should be added that *building awareness and ownership* is facilitated by the *legal framework* in which European research as well as gender equality policy takes place, which facilitates commitment from the top. The Commissioner for European research, Philippe Busquin, is a warm supporter of the above mentioned policies, and always insists on the need to have women participate in research and science. The vicinity of the legal framework is accompanied by an efficient bureaucracy that is used to implement ever new regulations and procedures. Another facilitating factor is the fact that European research is less steeped in old definitions and connotations of fundamental research and its separation from society and the social. The aims of European research are set by European politics and European policy problems and the contribution research can make to the further welfare and happiness of European citizens. This social dimension as a basic factor of research is more apt to include social issues as the inequalities between men and women.

Organisation and implementation

The commitment of the top is also expressed in the well situated *Women and Science Unit* which consists of excellent personnel. This (small) unit has succeeded in creating a rather amazing *continuity of the policy process*, in which policy plans are drawn up, implemented and monitored. From 1999 many influential reports came to fruition, followed by Congresses and a thorough and wide dissemination of results, implementation of recommendations and monitoring of effects. Though it seems that in the European bureaucracy resistance to gender equality has less of a chance than in 'old boys networks', which makes it easier for actors 'normally involved' - among them many men – to cooperate, the women and science unit has certainly influenced the receptivity of the services personnel. Moreover, it has not only attracted outstanding experts to give support and advice, it has also ensured a commitment to their goals among a wide group of women and men in who are involved in science and research. The ETAN group, the Helsinki group and the Network of Networks, as well as the growing network of experts dealing with the implementation of the gender dimension in the content of research, all seem adequate networks to support the implementation of gender mainstreaming in European research.[53]

Measurement and monitoring

The Commission has ensured itself of a good knowledge base for its policy on gender mainstreaming in research by assigning to experts a few excellent state of the art reports: The ETAN report, the Helsinki report, the WIL report and the ENWISE report. The emphasis on gender statistics is sustained by excellent work in developing gender indicators and publishing the results. Already some of the tables in the ETAN report had the power of 'shocking some institutions into action', the *She-figures* 2003 will do so even more. The way in which the 40% target of women in European committees and panels is pursued is impressive. In many of the gender impact assessment studies it showed that the Commission attracted more women evaluators than could be expected on the basis of their (low) representation in the evaluators database.

Gender proofing and evaluation

The Gender Impact Assessment of the Fifth Framework Programme has been a remarkable operation, which has not only given a thorough evaluation of the gender dimension in and of European research at that particular moment, but has generated and spread knowledge on the many aspects of the gender dimension in and of research. Especially the gender dimension of the content of research has been clarified on the basis of actual programmes and projects, and made visible in terms of examples of good and bad practice. Thereby the Commission has managed a remarkable transfer and spread of knowledge from gender studies departments to science departments and laboratories. In any case has the Gender Impact assessment of FP5 been an excellent exercise, not only for the development of methods and the outcome of the reports and their recommendations, but also for its effects in terms of sensibilisation of DG Research services personnel. Here again networks were formed which ensured a good exchange of experience. The fact that recently the Commission published five tenders for monitoring studies on gender in FP6 – all on a larger scale than the GIA studies of FP5, demonstrates again the strength of purpose with which the Commission adheres to gender mainstreaming European research.

---

[53] In the Thematic Programme V of FP6 on Food Quality and Safety, a network was created to exchange good practices regarding the development and implementation of gender action plans in IP's and NoE's, called Gendfoodsafe network.

Training As far as I know services personnel in DG Research have not generally received special gender trainings. Yet, at the many conferences that were organised since 1998, gender experts, such as Mieke Verloo and Teresa Rees, and gender studies scholars such as Rosi Braidotti and Nina Lykke, and scholars in gender and science such as Hillary Rose or Londa Schiebinger have been invited to inform their audiences on the latest insights in gender and science or gender policy issues. Also documentaries have been shown such as the Dutch documentary 'Waste of Talents'. As much as the Gender Impact Assessment operation has had the rather unconscious effect of generating and spreading knowledge on gender and gender (in)equalities, it seems that the 'actors normally involved' in policy making and implementation have had their training in the practice of doing gender mainstreaming in cooperation with the gender impact experts. While they knew everything about 'Europe', the gender experts knew everything about 'gender' and they learned from each other.

5.6 Final remarks

It may not seem obvious to use European Social Funds to fight the under-representation of women in the context of higher education and research. Our Spanish partner project Divers@, which is mainly based on a cooperation between the two universities in Valencia, was the only other Equal-project that addressed the academic community.[54] Yet, EQUAL is part of the European Union's strategy for more and better jobs and for ensuring that no-one is denied access to them. Funded by the European Social Fund as a follow-up to the previous Community Initiatives Adapt & Employment, EQUAL tests new ways of tackling discrimination and inequality experienced by those in work and those looking for a job, always emphasizing innovative approaches and active co-operation between Member States.

The initiative covers the period 2000-2006, with a total EU contribution of 3.026 million Euro, matched by national funding. A first call for proposals was issued in 2001, addressing several thematic priorities grouped into five main areas of interest: Employability, Entrepreneurship, Adaptability, Equal opportunities for women and men, and Asylum-seekers. For us, again the inspiration to apply for funding in ESF-Equal came from our ex-

---

[54] Universidad Politécnica de Valencia and Universitat de València Estudi General

perience with the European research policies. In the ETAN-report, as well as in the Helsinki group, this Programme was marked as a good possibility to get funding. And although ESF funding has a problematic record in the Netherlands, we fully agree. Especially pillar H which addresses horizontal and vertical segregation of women and men in the labour market is a good road to propose projects.

And was it wise to build the project around gender mainstreaming? Knowing too well the conditions for a successful implementation of gender mainstreaming the Dutch Equal project could and can only dream of a good practice such as European Research policy. Even if the Development Partnership was signed by the Vice-chancellors of the three partner universities, still the project is more a bottom-up than a top-down affair. And if in many reflections on gender mainstreaming doubts are formulated regarding gender mainstreaming's tendency to drive out positive action, our project could act as a reassurance that also the opposite can be the case. We have observed that the 'threat' of gender mainstreaming in some contexts served as a facilitator for far-reaching positive action measures as being 'more concrete' and therefore more visible than integrating a gender dimension in 'business as usual'.

We will never be able to claim we really implemented gender mainstreaming in the university context as we would wish – in all policies and decisions and at all levels. At best we can point to some separate projects loosely held together by the philosophy and dream of gender mainstreaming. And yet, we are not dissatisfied: in doing gender mainstreaming we not only learn a lot, we also keep gender equality on the table in a time of almost complete abandonment of the issue by practically all major research institutions in the Netherlands.[55] It will be best to make them partners in a successor project.

---

[55] The exception here is the NWO, which has executed an important national positive action plan for assistant researchers, Aspasia, in an exemplary way. The only contribution by the Ministry in the last few years has been the financial support for the Aspasia Programme, but there is no vision or trace of any comprehensive view on matters of gender equality. The same can be said about the VSNU. See also: BOSCH, MINEKE 'Women in Science: A Dutch Case? In *Science in Context*, 5/4, 2002, p. 483-528.

Angelika Blickhäuser & Henning von Bargen

6. Gendertraining für Hochschulleitungen im Rahmen der Fachtagung *gender konsequent* am 30. Mai 2003 in Braunschweig

6.1 Einleitung

Im Rahmen der Fachtagung *gender konsequent* haben wir auf der Grundlage der Konzeption der Heinrich-Böll-Stiftung mit Hochschulleitungen unterschiedlicher Ebenen und aus unterschiedlichen Hochschulen einen fünfstündigen Gender Workshop durchgeführt. In diesem Artikel werden wir daher im ersten Punkt das Konzept von Gender Trainings der Heinrich Böll Stiftung vorstellen, in einem zweiten Punkt den Ablauf des konkreten Workshops dokumentieren und zum Schluss einige Schlussfolgerungen für die Arbeit an Hochschulen ziehen.

Der durchgeführte Workshop weicht in einem Punkt vom Konzept der Heinrich–Böll–Stiftung ab. Barbara Stiegler führte zu Beginn der Tagung in die geschlechterpolitische Strategie des Gender Mainstreamings fachlich ein, so dass wir den fachlichen Teil im Workshop auf diesen Input aufbauen konnten.

Bedingt durch diese Besonderheit stellten wir die Abfolge unseres Workshopverlaufes um.

6.2 Gender-Training[56] in der Konzeption der Heinrich-Böll-Stiftung

Geschlechterdemokratie ist politische Vision und Organisationsprinzip der Heinrich-Böll-Stiftung, die Gemeinschaftsaufgabe die dazu gehörige geschlechterpolitische Strategie. Zu deren Umsetzung bzw. zur Anwendung der geschlechterpolitischen Strategie des Gender Mainstreaming wur-

---

[56] Betont sei gleich zu Anfang, dass wir uns auf Geschlecht als sozial und kulturell konstruierte Kategorie beziehen. In der englischsprachigen Literatur wird unterschieden in Sex als biologischem Geschlecht und Gender als sozial und kulturell geprägte Geschlechterkonstruktion. Geschlechterfragen, die Begriffe „männliche" und „weibliche" Dimensionen bzw. Betrachtungsweisen verwenden wir in unserem Konzept als diese hergestellten und kulturellen Zuschreibungen. Dieser Prozess der Herstellung von Geschlecht wird auch „Doing gender" genannt.

den Gender-Trainings und gender-orientierte Projektplanung (GOPP) als wichtige Instrumente der Heinrich-Böll-Stiftung entwickelt.

Der Aufbau der Gender-Trainings orientiert sich an den Zielen „Qualifizieren, Motivieren und Sensibilisieren". Dabei arbeiten wir mit Perspektivenwechsel, Gender-Dialog, Gender-Analysen und der gender-orientierten Programm- und Projektplanung. Die Arbeit im Gender-Team ist ebenfalls grundlegender methodischer Ansatz.

Gender-Trainings unterstützen Perspektivenwechsel, d.h. die Fähigkeit, sich in die Perspektiven und Standorte des jeweils anderen Geschlechts und den damit verbundenen unterschiedlichen strukturellen Ausprägungen hineinzudenken. Das Konzept der Gender-Trainings geht von der Annahme aus, dass Verständigung und Konsens zwischen unterschiedlichen Interessen und damit zwischen unterschiedlichen geschlechterspezifischen Interessen möglich ist (Gender- Dialog). Eine weitere Voraussetzung ist das eigenverantwortliche Handeln von Führungskräften und der Mitarbeiterinnen und Mitarbeiter bei der Integration von genderbezogenen Ansätzen, in dem Fach- mit Gender zur gender-orientierten Fachkompetenz verbunden wird (Gender Kompetenz).

6.2.1 Ziele und Bestandteile von Gender-Trainings

Gender-Trainings tragen dazu bei, Gender als soziale Kategorie, als Analysekategorie und als Handlungsaufforderung zu verstehen. Auf der sozialen Ebene werden die unterschiedlichen Rollenbilder von Männern und Frauen und die damit einhergehenden Zuschreibungen thematisiert. Mit Gender-Trainings wird die Dialogfähigkeit zwischen den Geschlechtern durch Perspektivenwechsel gestärkt, in dem das eigene Verhaltensrepertoire und das Anderer reflektiert und erweitert wird, ohne dabei die eigene Identität zu verlieren. Fachlich bedeutet dies, die Erfahrungen und Erkenntnisse in Bildung, Beratung, Forschung und Wissenschaft sowie Praxis durch die Aufnahme von Gender als Analysekategorie zu erweitern. Als Analysekategorie ist Geschlecht eine wesentliche Voraussetzung zur Lösung wirtschaftlicher, organisationsbezogener, politischer und sozialer Fragestellungen. Zentrales Ziel von Gender-Training ist es, erste Schritte gehen zu können, Gender im eigenen Fachgebiet anwenden zu können und damit Gender-Kompetenz aufzubauen.

Gender-Kompetenz ist das Wissen um die Entstehung von Geschlechterdifferenzen, die Kenntnis unterschiedlicher Rahmenbedingungen und Voraussetzungen der Lebenswelten von Männern und Frauen (in ihrer Differenziertheit), das Wissen um die komplexen Strukturen von Geschlechterverhältnissen in der Gesellschaft, um die soziale Konstruktion von Geschlecht („doing gender") und die Kompetenz, wie erwähnt, in der Fähigkeit, Gender als Analysekategorie im eigenen Arbeitsgebiet anzuwenden, zusammenkommen.

Mit Gender-Trainings wird:
- der Blick für Geschlechterfragen (Genderfragen) und die Herstellung von Geschlecht („doing gender") geschärft,
- sensibilisiert, indem die Reflexion eigener Geschlechterrollenbilder unterstützt wird
- die Dialogfähigkeit zwischen den Geschlechtern gefördert,
- Perspektivenwechsel ermöglicht,
- die fachliche Umsetzung und die Anwendung von Gender Mainstreaming auf allen Ebenen gestärkt.

Darüber hinaus dienen sie:
- der Einführung in die Thematik der Gemeinschaftsaufgabe Geschlechterdemokratie,
- der Einführung geschlechterpolitischer Strategien, z.B. des Gender Mainstreaming auf europäischer Ebene,
- der Einführung von Gender-Instrumenten, z.B. Genderanalyse und deren Anwendung und damit
- der Vermittlung von Handlungsorientierung und
- dem Erwerb von Gender - Kompetenz.

Die Gender-Trainings berühren dabei folgende Ebenen:
- die individuelle Ebene der eigenen Biographie, der eigenen Geschichte und des eigenen Standortes innerhalb einer Organisation,
- die strukturelle Ebene, d.h. die Ebene der Organisation, auf der die Strategien der Gemeinschaftsaufgabe und des Gender Mainstreaming ansetzen,
- die gesellschaftliche bzw. politische Ebene, d.h. sie dienen der Zielbestimmung von Geschlechterdemokratie bzw. Gleichberechtigung,

- die fachliche Ebene, d.h. die Umsetzung und Anwendung der Strategien und Instrumente im Arbeitszusammenhang (Gender als Analysekategorie).

Als Fortbildungsworkshops tragen Gender-Trainings bei zum Erwerb von Gender-Kompetenz:
- durch Klärung des eigenen Standortes bzw. der Standortbestimmung zu Gender Mainstreaming in der Organisation,
- durch das Kennenlernen des Instrumentariums von Gender Mainstreaming und der Gemeinschaftsaufgabe Geschlechterdemokratie,
- indem gender-bezogene Aspekte im eigenen Fachgebiet entwickelt werden,
- indem geeignete Planungs- und Abstimmungsverfahren für das eigene Arbeitsfeld entwickelt werden,
- indem Gender-Kriterien für die Arbeit im Fachgebiet erarbeitet werden,
- indem Gender-Checklisten erstellt werden,
- indem Gender-Kriterien für Prüfberichte, zum Controlling bzw. zur Selbstevaluation erarbeitet werden.

Als Sensibilisierungsworkshops tragen Gender-Trainings zur Reflexion eigener Geschlechterrollen und Geschlechterrollenbilder und gesellschaftlicher Zuschreibungen bei und führen zur Sensibilisierung für:
- die Vielfalt von gesellschaftlichen und kulturellen Geschlechterrollen,
- die Vielfalt von Geschlechterrollen in einer „Kultur der Zweigeschlechtlichkeit" in Organisationen,
- die Auswirkungen der gesellschaftlichen Geschlechterverhältnisse und –hierarchien auf die individuelle, berufliche Biographie, Machtverhältnisse und die damit verbundenen unterschiedlichen Handlungsspielräume,
- die Auswirkungen von Geschlechterverhältnissen im jeweiligen Arbeits- und Fachgebiet.

6.2.2 Aufbau der Gender Trainings

Das Konzept der Gender-Trainings enthält drei Bausteine, die sowohl die persönliche als auch die fachliche Ebene bzw. die organisationsbezogene Ebene tangieren: Sensibilisierung – fachliche Einführung – Handlungsorientierung.

In der Sensibilisierungsphase werden Übungen zu eigenen Rollenbildern und gesellschaftlichen Rollenzuschreibungen angeboten. Gesellschaftliche, kulturelle und individuelle Werte und Sichtweisen werden reflektiert und in Zusammenhang gestellt mit der „Kultur der Zweigeschlechtlichkeit" in Organisationen.

Bei der fachlichen Einführung werden Impulse zu gesellschaftlichen und politischen Rahmenbedingungen gegeben, der Bezug zum geschlechterpolitischen Konzept der Organisation hergestellt und in die geschlechterpolitischen Strategien des Gender- Mainstreaming eingeordnet. Instrumente der Genderanalyse werden vorgestellt und den jeweiligen Rahmenbedingungen der Organisation zugeordnet.

Im handlungsorientierten dritten Baustein geht es darum, den Transfer in den eigenen Arbeitsbereich zu erproben und erste konkrete Gender-Analysen anhand von Beispielen aus den eigenen Fachgebieten zu erproben. Dieser Baustein umfasst fast 50% des Gesamtumfangs des Gender-Trainings.

Ziel der Sensibilisierungsübungen ist es, Geschlechterrollen wahrzunehmen und zu reflektieren, dass der Alltag geprägt ist von einer Vielfalt von Geschlechterrollen, dass sich diese Vielfalt aber nicht ohne weiteres in der eigenen Organisation wiederfindet: Woran liegt es, dass Geschlechterrollen in Organisationen weniger vielfältig ausgeprägt sind als im Alltag? Woran liegt es, dass wir z.B. eher den weißen Mittelstandsmann in Organisationen finden, die weiße Mittelstandsfrau? Woran liegt es, dass Frauen eher als Mütter wahrgenommen werden und Männer eher ohne Familienverantwortung?

Übungen, in denen sich Männer in weibliche Geschlechterrollen und Frauen in männliche Geschlechterrollen (Perspektivenwechsel) versetzen, tragen dazu bei, die Zwänge des jeweils anderen Geschlechts – gerade in Organisationen – zu erleben. Die Übungen ermöglichen, mit eigenen Gender-Orientierungen, eigenen Geschlechterrollen und eigenen Geschlechterrollenbildern zu experimentieren.

In der Sensibilisierungsphase wird ausgehend von Übungen deutlich, dass sich kulturelle und soziale Geschlechterrollen und Geschlechterrollenbilder in den letzten Jahren verändert haben und insbesondere für Frauen vielfältiger geworden sind. Diese Vielfalt von Geschlechterrollen ist bei Männern nicht im gleichen Maße vorhanden bzw. weniger sichtbar. Es wird vermittelt, dass Geschlechterrollen tagtäglich – auch in den beruflichen Zusammenhängen - reproduziert werden und von jedem Einzelnen und jeder Einzelnen zu gestalten sind („Doing – gender").

Dabei öffnen wir den Blick für weitere Differenzierungen wie Alter, ethnische Herkunft, Schichtzugehörigkeit, sexuelle Orientierung, körperliche Befähigung, Bildungshintergrund etc., die in unterschiedlichem Ausmaß die Vielfalt von Geschlechterrollen prägen („Gender Diversity"). Diese Vielfalt ist ins Verhältnis zu setzen zur „Kultur der Zweigeschlechtlichkeit" in Organisationen. Die meisten Organisationen spiegeln aufgrund ihrer gewachsenen Strukturen diese Vielfalt von Geschlechterrollen nicht wieder, sondern pressen Männer und Frauen in recht einförmige traditionelle Geschlechterrollen und geschlechtshierarchische Strukturen.

Organisationen haben den sozialen und kulturellen Wandel von Geschlechterrollen häufig nicht nachvollzogen. Vielmehr sind strukturelle Verfestigungen von männlichen und weiblichen Rollenbildern in den Organisationen verhaftet. „Gender" ist häufig ein Strukturmerkmal der Organisation, der „Kultur der Zweigeschlechtlichkeit von Organisationen".

Uns dienen die Sensibilisierungsübungen vor allem als Einstieg, denn sie schaffen eine vertrauensvolle Atmosphäre und geben daher die Möglichkeit, Ängste und Vorbehalte gegenüber dem Gender-Thema abzubauen. Auf dieser Grundlage kann Gender als Analysekategorie besser vermittelt werden.

Im Rahmen des fachlichen Inputs wird – ausgehend von der Arbeit mit Gender als sozialer Kategorie – der Zusammenhang zu Gender als Analysekategorie und Handlungsauftrag hergestellt. Auf der Grundlage des unten aufgeführten Schaubildes – jeweils angepasst an die Organisation - werden die Konzepte der unterschiedlichen geschlechterpolitischen Strategien dargestellt und vermittelt.

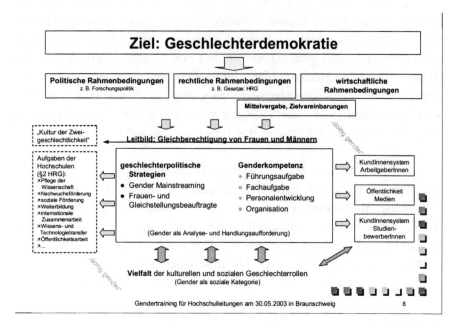

Vorgestellt werden Instrumente der genderorientierten Organisationsanalyse oder Checklisten bzw. Leitfragen anderer Organisationen. Darüber hinaus werden die geschlechterpolitischen Strategien in die Konzepte der jeweiligen Organisationen eingeordnet. Mit diesem fachlichen Input werden Tools vermittelt, die als Anregungen für geeignete Planungs- und Abstimmungsverfahren im eigenen Fachgebiet dienen und weiterentwickelt werden können.

Bei Gender-Trainings, in denen erste Anwendungen in der eigenen fachlichen Arbeit erprobt werden sollen, können an dieser Stelle als Analyseinstrumente z.B. die 3-R- Methode, Gender-Budget-Analyse , das Gender-Impact-Assessment oder die genderorientierte Projekt- und Programmplanung (GOPP) nach BLICKHÄUSER/VON BARGEN vorgestellt werden. Im Plenum wird anhand eines Beispieles die Anwendung dieser Analyseinstrumente demonstriert.

Im handlungsorientierten Teil werden die einzelnen Gender-Analyse-Instrumente anhand der Erfahrungen und auf der Grundlage von praxisbezogenen Beispielen aus den Arbeitsfeldern der Teilnehmenden ausprobiert und so erste Schritte zur Umsetzung und Anwendung im eigenen Arbeits-

und Aktionsfeld erprobt. Nach der Vorstellung eines praktischen Beispieles im Plenum wird dann in der Regel in Arbeitsgruppen geübt.

Dieser handlungsorientierte Teil nimmt bei uns in allen Trainings mindestens die Hälfte der verfügbaren Zeit in Anspruch. Die selbständige Arbeit in Arbeitsgruppen, das Nutzen des kollegialen Know-hows, die kollegiale Beratung und die Unterstützung durch das Genderteam ermöglichen ein erstes wirkliches Verständnis für das, was Gender-Orientierung in der Facharbeit sein kann.

6.2.3 Methoden

Den Kern der Methoden in den Gender Trainings bilden Perspektivenwechsel, Genderdialog und die Arbeit im Gender Team. Hinzu kommen das Arbeiten in geschlechtshomogenen und geschlechtsheterogenen Gruppen, Übungen zur Sensibilisierung, Reflexion von Geschlechterrollen, Vortrag und Arbeitsgespräche, die Arbeit in Arbeitsgruppen mit handlungsorientierten Arbeitsaufgaben und die kollegiale Beratung der Teilnehmenden. Mit diesen Methoden soll der Transfer in das eigene Arbeitsfeld erprobt werden. Wir arbeiten mit den klassischen Methoden der (politischen) Erwachsenenbildung unterlegt mit genderbezogenen Zugängen und Fragestellungen (methodische Genderkompetenz). Der Einsatz einiger Methoden wird in der Dokumentation deutlich.

6.3 Dokumentation des Gender Trainings im Rahmen der Fachtagung *gender konsequent*

Der Aufbau des fünfstündigen Gender-Workshops ist dem Programm zu entnehmen:

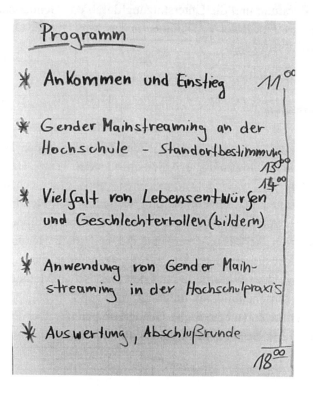

Nach einer kurzen Vorstellungsrunde begannen wir den Workshop mit einer Einstiegsrunde, in der die konkreten Erwartungen der Teilnehmenden abgefragt wurden. Da dem Gender-Team vorab nicht bekannt war, wer an diesem offen ausgeschriebenen Workshop teilnimmt, konnten die Erwartungen nicht vorher konkret abgefragt werden. Diese klassische Methode unterlegen wir mit einem gender-bezogenen Zugang. Die Frage lautet deshalb:

> *„Was glauben Sie, mit welchen Erwartungen kommen die Teilnehmenden des jeweils anderen Geschlechts zu diesem Gender-Workshop?"*

Gendertraining für Hochschulleitungen

Die Ergebnisse konnten der Pinwand entnommen werden:

Blitze auf einzelnen Karten deuten an, dass sich die Teilnehmenden in diesem Punkt nicht in der vom anderen Geschlecht phantasierten Erwartung wiederfinden konnten bzw. sich unzutreffend beschrieben fühlten. Die Karten in der unteren Reihe sind Ergänzungen aus der eigenen Perspektive als Mann bzw. Frau.

In der Diskussion beschäftigten sich die Teilnehmenden vor allem mit den unterschiedlichen Projektionen. Die anwesenden Männer fühlten sich nicht richtig wahrgenommen, die anwesenden Frauen ebenfalls nicht. Es wird durch den Geschlechter-Dialog über Geschlechterfragen deutlich, dass zum Teil sehr stereotype Geschlechterzuschreibungen und -rollenbilder in den Karten zum Ausdruck kommen. Diese prägen unbewusst die Wahrnehmung und die Interaktion. Ein typisches Beispiel für „doing gender".

Nach dieser ersten Sensibilisierungsübung schließen wir in der Regel eine zweite länger dauernde Übung an. Wie schon in der Einleitung beschrieben, haben wir aufgrund der Eingebundenheit des Gender-Trainings in die Fachtagung unser Konzept an dieser Stelle umgebaut und die fachliche Standortbestimmung angeschlossen.

Ziel war, mit der folgenden Übung – aufbauend auf den Vortrag von BARBARA STIEGLER – einen gemeinsamen Geschlechter-Dialog über die geschlechterpolitische Strategie des Gender Mainstreaming zu führen.

Die Übung wurde in geschlechtshomogenen Flüstergruppen durchgeführt. Alle Gruppen erhielten den Auftrag, max. 5 Fragen zusammenzustellen:

> *Was glauben Sie - sind die wichtigsten 5 offenen Fragen zum Thema Gender Mainstreaming an Hochschulen, die die Frauen stellen würden?*
> *(Frage für die männlichen Teilnehmenden)*
>
> *Was glauben Sie – sind die wichtigsten 5 offenen Fragen zum Thema Gender Mainstreaming an Hochschulen, die die Männern stellen würden?*
> *(Frage für die weiblichen Teilnehmenden)*

Die Ergebnisse einer „Männergruppe" und einer „Frauengruppe" sind im Folgenden dokumentiert.

Gendertraining für Hochschulleitungen

Männer   **Frauen**

Die gemeinsame Auswertung zeigte keine großen Unterschiede in den Fragestellungen. Im Rahmen der Auswertung und Beantwortung der Fragen wurden folgende Themen bearbeitet:

- Verständnis von Gender Mainstreaming
    - geschlechterpolitische Strategie
    - Ziel: Geschlechterdemokratie, Geschlechtergerechtigkeit
    - Umsetzung durch alle – keine Delegation mehr
    - Ex – ante Anwendung, d.h. Berücksichtigung bei der Planung
    - Versachlichung von Geschlechterfragen in Organisationen

- Implementierung von Gender Mainstreaming in der Heinrich–Böll–Stiftung
    - Gründung und Leitbildverankerung
    - Top down Prozess – Unterstützung der Mitarbeitenden
    - Verantwortungsübernahme durch alle Mitarbeiterinnen und Mitarbeiter
    - Gender Kompetenz auf allen Ebenen aufbauen –
    - Einbindung des Personalrates, der Personalabteilung und des Frauenrats
    - Steuerungs- und Beratungsinstanz

- Stabsstelle Gemeinschaftsaufgabe Geschlechterdemokratie
- Gender-orientierte Projektberatung
    - Gender-Kompetenz aufbauen
    - Gender-Training
    - Gender–Beratung
    - Gender–orientierte Projektplanung (GOPP)

Nach diesem kurzen Rückblick auf die fachliche Verortung von Gender Mainstreaming boten wir eine Sensibilisierungsübung an.

Ziel der „Bilderübung" war es, die Akzeptanz und Wertschätzung unterschiedlicher männlicher bzw. weiblicher Zugänge und Herangehensweisen zu stärken. Während Frauenförderung eher zu einer Anpassung weiblicher Zugänge an vorherrschende (männliche) Normen führt, verfolgt Gender Mainstreaming

- die gleichwertige Beachtung, Wertschätzung und Anerkennung unterschiedlicher männlicher bzw. weiblicher Zugänge und Herangehensweisen

- die Anpassung von Strukturen und Rahmenbedingungen an diese unterschiedlichen Zugänge und Herangehensweisen. Dies soll dazu beitragen, dass Organisationen diese fördern und produktiv nutzen.

Bei der „Bilderübung" arbeiteten wir erneut in geschlechtshomogenen Arbeitsgruppen. Dabei erhielten beide Gruppen folgenden Auftrag:

> *„Setzen Sie aus den ausliegenden Photos und Bildern als Collage eine ‚ideale' Hochschulleitung zusammen. In der Wahl und Verwendung der Bilder sind Sie völlig frei. Sie können die Bilder beschriften, nur Ausschnitte verwenden etc."*

Die Ergebnisse sind in den folgenden Bildern dokumentiert.

Ergebnis Frauengruppe

Ergebnis Männergruppe

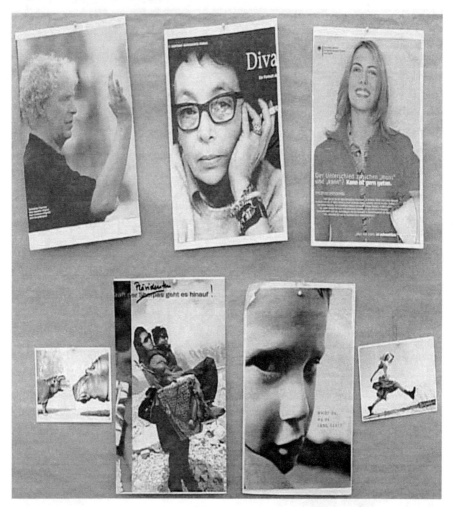

In der gemeinsamen Auswertung wurde diskutiert, dass die Männer-Arbeitsgruppen andere Zugänge hatten als die Frauen-Arbeitsgruppen. Während die Teilnehmenden in der Männer-Arbeitsgruppe recht distanziert und sachlich arbeiteten, waren die Frauen beteiligter, engagierter. Dies entspricht den Ergebnissen wissenschaftlicher Beobachtungen über das Verhalten in geschlechterhomogenen Arbeitsgruppen. Deutlich herausgearbeitet wurde, dass es bei der Feststellung dieser Ergebnisse nicht um eine Bewertung geht: die eine Herangehensweise ist gut, die andere weniger. Vielmehr geht es darum, deutlich zu machen, dass es unterschiedliche Zugänge und Herangehensweisen („Diversity") gibt und es diese für die Zusammenarbeit in Gruppen, an der Hochschule, in der Forschung usw. zu nutzen gilt, da sie meist tragfähigere Problemlösungen oder bessere Ergebnisse produzieren.

Die Unterschiede zwischen den Bildern und deren Entstehungsprozess wurde von den Teilnehmenden wie folgt zusammengefasst:

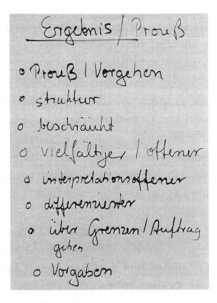

Ergänzt wurden die Erfahrungen der Teilnehmenden durch einen kurzen Input des Gender-Training-Teams zu sozialen Differenzierungsdimensionen von Geschlecht und zu Voraussetzungen für eine erfolgreiche Implementierung von Gender Mainstreaming in Organisationen:

Die bisherigen Übungen und Erfahrungen wurden nochmals eingeordnet in die Strategie des Gender Mainstreaming. Gender Mainstreaming in Organisationen kann nur erfolgreich sein, wenn ein verbindliches Konzept für die jeweilige Organisation, hier die jeweiligen Hochschulen, erarbeitet wird. Voraussetzungen dafür sind die oben aufgeführten Punkte.

In der folgenden Phase der Umsetzung auf Handlungsfelder der Teilnehmenden wurden Beispiele aus der Praxis der Teilnehmenden bearbeitet. Ziel war es, Gender als strukturbildende Kategorie zu erkennen und als Analysekategorie anwenden zu lernen.

Einige Teilnehmenden stellten Themen aus ihrer Organisation für die Bearbeitung in Arbeitsgruppen zur Verfügung: in einer Arbeitsgruppe wurde eine gender-bezogene Organisationsanalyse einer Klinik erprobt, in einer anderen Arbeitsgruppe die gender-orientierte Programm- und Projektplanung. Beide Gender-Analyse-Instrumente können dem Anhang entnommen werden. Die Arbeitsgruppenergebnisse können an dieser Stelle nicht dokumentiert werden, da diese zu spezifisch auf die jeweiligen Teilnehmenden bezogen waren.

Die Arbeit entlang von Fallbeispielen aus der Praxis der Teilnehmenden ist besonders gut geeignet, um die Reichweite und Nützlichkeit einzelner Gender-Analysen und Gender-Planungs-Instrumente kennen zu lernen. Sie fördert den effektiveren Transfer in die eigene Praxis, da wegen des geringeren Abstraktionsgrades weniger Widerstände entstehen. Andererseits zeigt sich aber auch, dass es sinnvoll ist, Gender-Workshops mit Gruppen/Teams durchzuführen, die einen gemeinsamen Organisations- und/oder Arbeitshintergrund haben. Dadurch ist eine größere Tiefe bei der Bearbeitung von Fallbeispielen möglich.

Vor dem kurzen Ausblick auf Gender-Trainings an Hochschulen soll hier das „Blitzlicht" aus der Abschlussrunde dokumentiert werden. Unter der Fragestellung:

„Was nehme ich mit?"

zogen die Teilnehmenden folgendes Resümee aus dem Workshop:

- Informationsgewinn, Erwartungen erfüllt
- Begriff Gender Mainstreaming = Qualitätsverbesserung
- Diskussion war stellenweise zäh, aber wichtig
- lohnender Tag

- bin enttäuscht, am Nachmittag wurde zu wenig Sinn und Nutzen von GM deutlich
- die Übung mit den Bildern war gut, da hätte ich gerne weiter gemacht
- zu wenig Zeit
- der Nebel ist zum Hochnebel geworden
- anregend und informativ
- reich, informativ
- Lust auf Gender-Trainings bekommen
- Erfahrungsbezogenes Lernen (z.B. Bilderübung) bringt mir am meisten
- Spannend
- Habe zu wenig von anderen Hochschulen mitbekommen
- bin zufrieden

Auf die Frage:

„Welche Anregungen möchte ich geben?"

gab es folgende Hinweise:
- mehr Beispiele zu Auswirkungen von gender
- mehr Austausch untereinander ermöglichen
- Brückentag am langen Wochenende ist nicht gut gewählt
- lieber zwei Tage Zeit für ein Gender-Training nehmen
- weiteren Erfahrungsaustausch mit anderen Hochschulen organisieren
- mehr Theorieinput.

6.4 Auswertung und Empfehlung für Gender-Trainings an anderen Hochschulen

Das Gender-Training war eingebettet in eine Fachtagung, es nahmen Hochschulleitungen unterschiedlichster Hochschulen teil. Diese sehr heterogene Arbeitsgruppe leistete in der Kürze der verfügbaren Zeit sehr viel. Dabei ist hervorzuheben, dass es den Teilnehmenden gelungen ist, sich in dieser Zeit sehr fachbezogen mit Geschlechterfragen offen auseinander zu setzen. Diese Offenheit erleben wir nicht so häufig im Rahmen von Gender-Trainings an Hochschulen. Auch war die Gruppe sehr bereit, sich auf neue Methoden, die nicht immer den im Hochschulbereich üblichen Herangehensweisen entsprechen, einzulassen. Häufig wird gerade im Rahmen von Gender-Trainings an Hochschulen ein wissenschaftlich-theoretischer Anspruch erhoben, der erfahrungsbezogenes Lernen weniger berücksichtigt und wertschätzt. Aus unserer Sicht ist es unerlässlich, die

Vermittlung wissenschaftlich-theoretischer Ansätze mit erfahrungsbezogenem Lernen sinnvoll zu verbinden. Wissenschaftlich-theoretische und erfahrungsbezogene Auseinandersetzungen mit Geschlechterfragen der letzten 30 Jahre sind sehr geprägt von der Wahrnehmung, dass Geschlechterfragen Frauenfragen sind. Hier können Hochschulen - nicht nur durch Gender Studies - anregende Impulse geben, in dem sie Geschlechterfragen aus männlicher und weiblicher Sicht erforschen und so durch die Wahrnehmung unterschiedlicher Zugänge neue Sichtweisen möglich machen.

Gender-Trainings auf Hochschulebene müssen eingebunden sein in ein Gesamtkonzept zur Implementierung von Gender Mainstreaming. Gender-Trainings sollten für die unterschiedlichen Zielgruppen einer Hochschule jeweils getrennt konzipiert werden:

- für die Verwaltungsebene, die für den Implementierungsprozess verantwortlich ist
- für die Lehrenden, die für die Anwendung von Gender in Lehre und Forschung verantwortlich sind
- für die Studierenden, bei denen Sensibilisierung für Geschlechterfragen auf der einen Seite und Gender anwenden im Fachgebiet auf der anderen Seite im Mittelpunkt stehen.

Die verschiedenen Zielgruppen haben einen unterschiedlichen Blick auf Gender Mainstreaming, was vor allem im Handlungsteil eine entscheidende Rolle spielt. Gender Trainings können sinnvoll und effektiv eingesetzt werden, wenn auf diese unterschiedlichen Zugänge jeweils genau eingegangen werden kann.

Anhang

Genderanalyse von Organisationen
(eine Gender Archäologie von Organisationen nach Anne Marie Goetz, bearbeitet von Angelika Blickhäuser und Henning von Bargen)

Bei den folgenden Fragestellungen ist es wichtig, die Fragen jeweils aus männlicher als auch aus weiblicher Sicht anzuschauen. Sind Unterschiede erkennbar?

Institutionelle Geschichte

- Wie ist die Organisation entstanden? Wer hat sie gegründet? Welche Ziele wurden mit der Gründung verfolgt?
- Welche Interessen werden vorrangig vertreten?
- Wer sind die Zielgruppen / KundInnen der Organisation?
- Sehen Sie unterschiedliche Interessen von Frauen und Männern bei den fachlichen Fragestellungen und Aufgaben?

Ideologie, Werte und Normen

- Beschreiben Sie in Stichworten Werte und Normen der Organisation, z.B. zukunftsorientiert, karrierefördernd, familienorientiert, ökologiebewußt, Balance zwischen Männern und Frauen auf Leitungsebenen, in Entscheidungsebenen, leistungsorientiert usw.
- Sehen Sie Unterschiede zwischen Werten und Normen von Männern und Frauen?.

Organisationskultur

- Was ist Ihnen an Ihrer Organisationskultur besonders wichtig?
- Gibt es so etwas wie eine besondere Männer-, eine besondere Frauenkultur?
- Gibt es gesonderte Arbeitsbereiche von Männern und Frauen?

Hauptamtliche und Ehrenamtliche

- Welche Hierarchieebenen gibt es? Gibt es Frauen in hierarchisch hohen Positionen?
- Wie viele Hauptamtliche, wie viele Ehrenamtliche sind in Leitungsgremien? Wie viele Männer, wie viele Frauen sind jeweils in den Leitungsgremien ?
- Wie ist die Verteilung von Mann / Frau unter den sonstigen Mitarbeiter/inne/n ?
- Welche Funktionsebenen gibt es dort? Wie ist die Verteilung von Männern und Frauen dort?
- Gibt es Gruppierungen, die nicht in dieser Weise vorkommen, z.B. Minderheiten in sozialer Hinsicht oder von ihrer Abstammung ?
- Haben sie den Eindruck, daß sich die Präsenz von Frauen in irgendeiner Weise auswirkt?

Gendertraining für Hochschulleitungen am 30.05.2003 in Braunschweig

Genderanalyse von Organisationen

Zeit, Ort, Vereinbarkeit und andere Aufgaben
- Welche Arbeitszeiten haben die Menschen auf den verschiedenen Ebenen?
- Gibt es unterschiedliche Arbeitszeiten und auf wen wirken sie sich besonders aus?
- Welche Intensität der Mitarbeit wird von Ehrenamtlichen erwartet? Gibt es einen Unterschied der Erwartungen gegenüber Frauen im Vergleich zu Männern?
- Werden Überstunden erwartet?
- Wird von den Hauptamtlichen ehrenamtliche Arbeit erwartet?
- Gibt es einen hohen Arbeitsdruck?
- Müssen Sie außerhalb von regulären Arbeitszeiten arbeiten?
- Wirken sich diese Arbeitszeiten auf Männer und Frauen unterschiedlich aus?

Führungsstrukturen
- Welche Leitungsebenen gibt es?
- Welche Aufgaben hat Leitung?
- Wie sind diese Positionen besetzt (Männer und Frauen in %)?
- Liegt dort Leitungs- und Entscheidungsmacht?
- Gibt es informelle Netzwerke? Wie sind Frauen und Männer in solche Netzwerke integriert?

Sexualität in Institutionen
- In der Gesellschaft ist die Norm "Heterosexualität". Ist das in Ihrem Arbeitszusammenhang auch so?
- Gibt es ein offenes oder ein verdecktes Bekenntnis zur Homosexualität?
- Gibt es soziale Sanktionen bei von der Norm abweichendem Verhalten?
- Kommt sexuelle Belästigung am Arbeitsplatz oder in ehrenamtlichen Zusammenhängen in der Organisation vor und wird es thematisiert?

Gendertraining für Hochschulleitungen am 30.05.2003 in Braunschweig   21

Genderanalyse von Organisationen

Leistungsbewertungen
- Welche Leistungen werden besonders belohnt?
- Welche Leistungen führen zu Anerkennung, welche zu Beförderung?
- Welche Leistungen erhalten keine Anerkennung?
- Wer arbeitet in welchen Schwerpunkten?
- Werden Schwerpunkte unterschiedlich bewertet?
- Werden Frauen in den selben Schwerpunkten gleich bewertet?
- Gibt es in der finanziellen und sozialen Bewertung Unterschiede?

fachliche Arbeit
- Welche fachlichen Schwerpunkte gibt es in der Organisation?
- Welche inhaltlichen Schwerpunkte fehlen?
- Sind Ihnen am Arbeitsplatz Genderfragen begegnet? Wenn ja, in welcher Form?
- Haben Sie die Ihnen zur Verfügung stehenden Ressourcen genderspezifisch analysiert? Wie drücken sich Normen, Werte, geschlechtliche Arbeitsteilung, Einstellungen und Verhalten, Wertschätzung in ihrem Arbeitsgebiet aus? Welche Unterschiede zwischen Männern und Frauen haben Sie analysiert?
- Wie berücksichtigen Sie Genderfragen in Ihrem Arbeitsbereich?
- Wie werden Geschlechterfragen bei Planungen in der fachlichen Arbeit berücksichtigt?

Gendertraining für Hochschulleitungen am 30.05.2003 in Braunschweig   22

Genderorientierte Projektplanung (GOPP), Planungsraster
(Blickhäuser/von Bargen)

Planungselement	Inhalt
Maßnahme / Projekt	Kurzbeschreibung des Projektgegenstands
Bestandsaufnahme	Genderanalyse der Ausgangsbedingungen der Maßnahme / des Projektes
Zielformulierung	Beschreibung der Ziele der Maßnahme / des Projektes
	Formulierung geschlechterpolitischer Ziele
Zielgruppe(n)analyse:	genderdifferenzierte Beschreibung der Zielgruppe(n) des Projekts, der Maßnahme
Ansatzpunkte	Beschreibung der Handlungsmöglichkeiten die sich zur Erreichung der Ziele in Bezug auf die Zielgruppen ergeben. Welche geschlechterpolitischen Ansatzpunkte gibt es?
Indikatoren	sind Meßgrößen, die die Erreichung der Zielsetzungen belegen. Sie sind operationalisierte Beschreibungen der Zielsetzungen eines Projektes im Hinblick auf die Zielgruppe(n).
Instrumente / Methoden	Welche Methoden und Instrumente sollen eingesetzt werden? Welche geschlechterpolitischen Instrumente können angewendet werden?
Rahmenbedingungen	Unter welchen Rahmenbedingungen und gegebenenfalls Restriktionen findet die Umsetzung der Maßnahme / des Projektes statt?
Anforderungen / Unterstützung	Welche Genderkompetenz wird benötigt um die Maßnahme geschlechterdemokratisch entwickeln zu können? Welche Unterstützung ist gewünscht?

Gendertraining für Hochschulleitungen am 30.05.2003 in Braunschweig

Christiane Borchard

7. Begleitforschung zur Tagung – Online Befragung der Hochschulleitungen

Um der Beantwortung der Frage, warum das Gender Mainstreaming Prinzip an Hochschulen bisher noch relativ wenig verbreitet ist, näher zu kommen, wurde parallel zu der Tagung eine empirische Begleitforschung durchgeführt.

Gleichzeitig sollte der Frage, warum sich vergleichsweise wenig Mitglieder der Hochschulleitungen zu der Tagung angemeldet hatten, nachgegangen werden.

7.1 Annahmen

Folgende Annahmen zur Beantwortung dieser Fragen sollten empirisch überprüft werden:
- Die Auseinandersetzung mit Gender Mainstreaming besitzt in der Agenda der Hochschulleitungen keine Priorität.
- Die Mitglieder der Hochschulleitungen fühlen sich nicht zuständig für die Umsetzung des Prinzips „Gender Mainstreaming".
- Die Akzeptanz von Fortbildung insbesondere eines Gendertrainings ist bei Hochschulleitungen gering.
- Das Konzept der Tagung missfällt.

7.2 Fragebogen

Im Folgenden ist das Formular des Online Fragebogens abgebildet.[57] Die Antwortmöglichkeit „bitte auswählen" der Fragen 1, 2 und 6 enthält eine Skala von 1-7.

Die Antwortmöglichkeiten für Frage 3 (Ist der Gleichstellungsauftrag in der Grundordnung und/oder Zielvereinbarung Ihrer Hochschule als Querschnittsaufgabe festgeschrieben?) lauten: Ja, Nein, Ist noch nicht entschieden; für die Frage 5 (Halten Sie eine spezielle Fortbildung zum Thema „Umsetzung des Gender Mainstreaming Prinzips" in Ihrer Hochschule für wünschenswert?): Ja, Nein, Wurde bereits angeboten.

---

[57] Der/die interessierte Leser/in kann das Formular offline unter http://234.169.89.150/gender/umfrage_offline.asp einsehen.

Fragen

1. Wie hoch schätzen Sie auf einer Skala von 1 bis 7 die Wichtigkeit der folgenden qualitätssichernden Strategien und Steuerungsinstrumente für Ihre Hochschule ein:
   1 = halte ich für überdurchschnittlich dringlich und notwendig | 7 = halte ich für überhaupt nicht wichtig

Internationalisierung	--- bitte auswählen ---
Evaluation von Lehre, Studium, Forschung und Dienstleistung	--- bitte auswählen ---
Verbesserung von Studium und Lehre	--- bitte auswählen ---
Profilbildung der Hochschule	--- bitte auswählen ---
Anwendung des Gender Mainstreaming Prinzips	--- bitte auswählen ---
Zielvereinbarungen	--- bitte auswählen ---
Formelgebundene Mittelvergabe	--- bitte auswählen ---
Sonstiges [ ]	--- bitte auswählen ---

2. Beurteilen Sie die Effektivität der folgenden Maßnahmen zur Umsetzung des Gleichstellungsauftrags an Hochschulen auf einer Skala von 1 – 7.
   1 = halte ich für besonders effektiv | 7 = halte ich für kontraproduktiv

Realisierung einer familienfreundlichen Hochschule	--- bitte auswählen ---
Förderung von Paar-Karrieren („couple-career")	--- bitte auswählen ---
Zugrundelegen des Gender Mainstreaming Prinzips bei Planungen und Entscheidungen	--- bitte auswählen ---
Frauenspezifische Qualifizierungsangebote	--- bitte auswählen ---
Mentoring	--- bitte auswählen ---
Quotierungen bei Stellenbesetzungen	--- bitte auswählen ---
Sonstiges [ ]	--- bitte auswählen ---

3. Ist der Gleichstellungsauftrag in der Grundordnung und/oder Zielvereinbarung Ihrer Hochschule als Querschnittsaufgabe festgeschrieben?

   --- bitte auswählen ---

4. Wer ist an Ihrer Hochschule verantwortlich für die Umsetzung des Gleichstellungsauftrags? *(Mehrfachantworten möglich, dazu bitte die Strg-Taste gedrückt halten)*

   --- bitte auswählen ---
   Präsident/in, Rektor/in
   Vizepräsident(en)/Vizerektor(en)
   Kanzler/in
   Frauenbeauftragte/Gleichstellungsbeauftragte
   Andere (bitte im Feld drunter eintragen)

   Andere: [   ]

5. Halten Sie eine spezielle Fortbildung zum Thema „Umsetzung des Gender Mainstreaming Prinzips" in Ihrer Hochschule für wünschenswert?

   --- bitte auswählen ---

   Wenn Ja:
   (Mehrfachantworten möglich, dazu bitte die Strg-Taste gedrückt halten)

   --- bitte auswählen ---
   für das Präsidium/Rektorat
   für die Dezernenten/innen
   für die Fachbereichsleitungen
   für die/den Gleichstellungsbeauftragte/n
   Andere (bitte im Feld drunter eintragen)

   Andere: [   ]

Wenn Sie die nachfolgende Zusatzfrage nicht mehr beantworten möchten, schicken Sie den Fragebogen jetzt ab.

Zusatzfrage

6. Unter http://www.tu-bs.de/genderkonsequent finden sie Konzept und Programm eingangs erwähnter Tagung.

Wie bewerten Sie auf einer Skala von 1-7 insgesamt das Angebot der Tagung „gender konsequent"?
1 = gefällt mir sehr gut | 7 = gefällt mir überhaupt nicht

--- bitte auswählen ---

Abschicken | Zurücksetzen

7.3 Datenerhebung und -berechnung

Folgendes Schreiben mit der Bitte um Beantwortung des Online-Fragebogens, wurde Mitte April 2003 an insgesamt 1160 Mitglieder bundesdeutscher Hochschulleitungen per E-Mail verschickt.

> Sehr geehrte Mitglieder der Hochschulleitungen,
> parallel zu der Tagung *gender konsequent* – Qualitätssteigerung der Hochschulentwicklung durch Gender Mainstreaming am 30. und 31. Mai 2003 an der TU Braunschweig *(verlinkt mit der Startseite der Tagung)*[58] werden Maßnahmen zur Begleitforschung durchgeführt, bei denen Ihre Erfahrungen und Ihre Einschätzung unverzichtbar sind. Wir bitten Sie deswegen sehr um Mithilfe.
> Unter http://134.169.89.150/gender/umfrage *(verlinkt)* finden Sie einen Online-Fragebogen. Bitten füllen Sie diesen Fragebogen aus und schicken Sie ihn umgehend online an uns zurück. Für die Bearbeitung benötigen Sie ca. 5 -8 Minuten Zeit. Es werden keine personenbezogenen Daten erhoben, auch Ihre IP-Adresse wird nicht mitgeloggt, so dass wir Ihnen für die Nutzung der Daten größtmögliche Anonymität zusichern können.
> Im Voraus vielen Dank für Ihre Mithilfe
> und mit freundlichen Grüßen
>
> Prof. Dr. Karl Neumann, Brigitte Doetsch, Dr. Christiane Borchard
> (Organisationsteam der Tagung *gender konsequent*)

Die E-Mail Adressen wurden dem im April 2003 aktuellen HRK-Verteiler „Präsidiums- und Rektorats-Mitglieder" entnommen. Dieser Verteiler enthält die formalisierte oder personifizierte E-Mail Adresse des/der jewei

---

[58] Die kursiv gedruckten Textstellen wurden nicht so gesendet, sondern dienen im vorliegenden Text der Veranschaulichung.

lig amtierenden Präsidenten/in, Vizepräsidenten/in und Kanzlers/ Kanzlerin der Hochschule, z.B. praesident@fu-berlin.de oder hubert.merkel@fh.hildesheim.de.

Die Daten wurden direkt, ohne mitloggen der IP-Adresse, in einer Access Datenbank gespeichert, so dass keinerlei personenbezogene Daten erhoben wurden. Dieses Vorgehen macht zwar einige Auswertungen, z.B. die Differenzierung nach Geschlecht unmöglich, ist aber z.Zt. die einzige Chance, Anonymität innerhalb einer Online-Befragung zu garantieren.

Bis zum 30.04.03 gingen 140 Datensätze ein. Die Rücklaufquote betrug somit 12 %. Nach Abschluss der Datenerhebung, am 30.04.2003, wurden mit SPSS 12.0 Mittelwerte, Standardabweichungen und Häufigkeiten berechnet.

7.4 Ergebnisse

Die Teilnehmenden der Online-Befragung schätzten die Wichtigkeit der folgenden qualitätssichernden Strategien und Steuerungsinstrumente für ihre Hochschule im Mittel wie folgt ein:

Mittelwerte **Frage 1**

Wie hoch schätzen Sie auf einer Skala von 1 bis 7 die Wichtigkeit der folgenden qualitätssichernden Strategien und Steuerungsinstrumente für Ihre Hochschule ein?		Rangplatz
Verbesserung von Studium und Lehre	2,11 (s = 1,5)	1
Evaluation von Lehre, Studium, Forschung und Dienstleistung	2,17 (s = 1,5)	2
Profilbildung der Hochschule	2,26 (s = 1,5)	3
Internationalisierung	2,33 (s = 1,5)	4
Zielvereinbarungen	2,62 (s = 1,3)	5
Anwendung des Gender Mainstreaming Prinzips	3,05 (s = 1,4)	6
Formelgebundene Mittelvergabe	3,20 (s = 1,8)	7

1 = halte ich für überdurchschnittlich dringlich und notwendig
7 = halte ich für überhaupt nicht wichtig
N = 140

Als sonstige qualitätssichernde Strategien und Steuerungsinstrumente wurden angegeben:

> Integration der Weiterbildung und PE, Weiterbildung, Akkreditierung/externe Qualitätssicherung, Benchmarking, mittelfristige Planungssicherheit, neue Hochschulverfassung, "Kundenorientierung", Leitbild, Persönliche Betreuung der Studierenden, Hochschulmarketing, Personalgespräche, mittel- und langfristige Projektplanung, Forschungsevaluation, Frauenförderung und Gleichstellung, Berufung hervorragender WissenschaftlerInnen, Praxisorientierung, Interdisziplinarität, Frauen stehen sich häufig selbst im Weg.

Wobei letztere Angabe eher als „sonstige" Bemerkung zu werten ist, da sie keinen inhaltlichen Bezug zu der Frage enthält.

Die Effektivität folgender Maßnahmen zur Umsetzung des Gleichstellungsauftrags an Hochschulen beurteilten die Teilnehmenden der Befragung im Mittel wie folgt:

Mittelwerte **Frage 2**

Beurteilen Sie die Effektivität der folgenden Maßnahmen zur Umsetzung des Gleichstellungsauftrags an Hochschulen auf einer Skala von 1 – 7.		Rangplatz
Mentoring	2,45 (s = 1,3)	1
Realisierung einer familienfreundlichen Hochschule	2,61 (s = 1,5)	2
Frauenspezifische Qualifizierungsangebote	2,87 (s = 1,6)	3
Zugrundelegen des Gender Mainstreaming Prinzips bei Planungen und Entscheidungen	2,90 (s = 1,5)	4
Förderung von Paar-Karrieren („couple-career")	3,82 (s = 1,6)	5
Quotierung bei Stellenbesetzungen	4,38 (s = 1,9)	6

1 = halte ich für besonders effektiv
7 = halte ich für kontraproduktiv
N = 140

Als sonstige Maßnahmen zur Umsetzung des Gleichstellungsauftrags wurden angegeben:

> gesellschaftliches Problembewusstsein schaffen, Qualifizierungsprogramme in Lehre und Forschung, Arbeitszeitgestaltung, Verbreiterung des Studienangebotes, Vorbildfunktion der Leitung, Informationen für Professoren, geschlechtergerechte Mittelvergabe, Frauenspezifische Personalentwicklung, Abbau der (Akademiker) Arbeitslosigkeit, Frauen in Führungsfunktionen, Frauennetzwerke, Bessere Vernetzung der Frauen an der Hochschule, statt Quoten Zielvereinbarungen.

Die größte „Einigkeit" unter den Hochschulleitungen herrscht bei der Beurteilung der Effektivität des Mentoring. Die Beurteilung der Effektivität von Gender Mainstreaming liegt im Mittel.

Um Fehlinterpretationen vorzubeugen, sei an dieser Stelle darauf hingewiesen, dass hier die Einschätzungen der Hochschulleitungen in Bezug auf die Effektivität der jeweiligen Maßnahmen erfragt wurden und nicht die tatsächliche Wirksamkeit der Maßnahmen überprüft wurde.

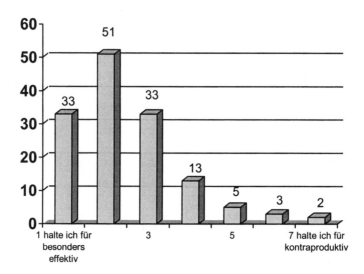

Beurteilung der Effektivität des Mentoring für die Umsetzung des Gleichstellungsauftrags

N = 140, M = 2,45 (s = 1,3)

Beurteilung der Effektivität von Gender Mainstreaming für die Umsetzung des Gleichstellungsauftrags

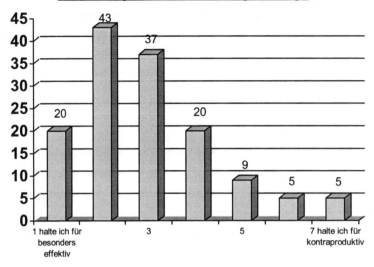

N = 140, M = 2,90 (s = 1,5)

Die **Frage 3** „Ist der Gleichstellungsauftrag in der Grundordnung und/ oder Zielvereinbarung Ihrer Hochschule als Querschnittsaufgabe festgeschrieben?" beantworteten 97 (72 %) mit Ja, 27 (20 %) mit Nein und an 10 (7,5 %) Hochschulen ist diese Frage noch nicht entschieden. Insgesamt beantworteten diese Frage 134 Befragungsteilnehmende.

Gleichstellungsauftrag als Querschnittsaufgabe festgeschrieben

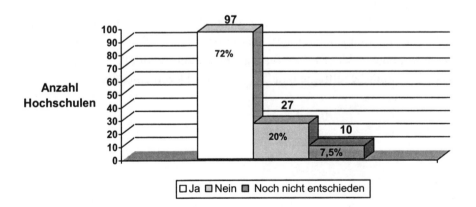

Die Frage nach der Verantwortlichkeit für die Umsetzung des Gleichstellungsauftrags an der eigenen Hochschule – **Frage 4** – beantworteten insgesamt 138. Hier waren Mehrfachantworten möglich.

47 (34 %) befanden die Frauenbeauftragte/Gleichstellungsbeauftragte als allein verantwortlich für die Umsetzung des Gleichstellungsauftrags. 71 (51%) haben in ihrer Antwort die/den Präsidenten/in, Rektor/in gewählt, davon 18 (13 %) als alleinige Angabe.

Als „Andere Verantwortliche" wurden genannt:

> paritätische Kommission; eigentlich alle Dekane auch; Rektorat, Fachbereiche; Senat; keiner vorhanden, nicht gefordert; Dekane der Fakultäten; Dekane, Studienkommissionen; Präsidium, Frauenkommission; das Leitungsgremium; Dekane und Studiendekan/in, alle Führungskräfte; Verwaltung; die Universität mit allen Organen und Gremien; Prorektor/Prorektorin; zunächst das Rektorat (4 Personen); Dezernat Personalwesen, Dekane, Dekan; Senatsausschuss für Frauenfragen; Akademischer Senat; Rektoratskollegium; jede Person, die Personalentscheidungen trifft; Dekane.

Die **Frage 5** beantworteten insgesamt 126 Teilnehmende der Online-Befragung.

46 (36,5 %) halten eine spezielle Fortbildung zum Thema „Umsetzung des Gender Mainstreaming Prinzips" an ihrer Hochschule für nicht wünschenswert. An 26 (20,6 %) Hochschulen wurde eine solche Fortbildung bereits angeboten.

Von den 54 (42,8 %), die eine Fortbildung für wünschenswert halten (Mehrfachnennungen möglich), empfehlen diese 42 (77 %) für Fachbereichsleitungen, 31 (57 %) für das Präsidium/Rektorat, 24 (44 %) für Gleichstellungsbeauftragte und 20 (37 %) für Dezernenten/innen.

Fortbildung "Gender Mainstreaming"

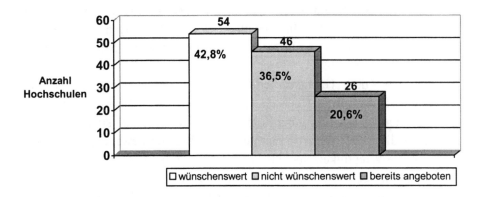

Die **Zusatzfrage 6**, in der um die Beurteilung des Tagungskonzepts und –programms gebeten wurde, wurde 50 mal beantwortet.

Die Antwortenden bewerteten das Angebot der Tagung auf einer Skala von 1 (gefällt mir sehr gut) bis 7 (gefällt mir überhaupt nicht) wie folgt:

1	**2**	**3**	**4**	**5**	**6**	**7**
8	20	11	6	2	2	1

Durchschnitt: **2,67**

7.5 Diskussion

Die drei derzeit von vielen Gleichstellungsbeauftragten favorisierten gleichstellungsfördernden Instrumente (Zielvereinbarungen, Anwendung des Gender Mainstreaming Prinzips und formelgebundene Mittelvergabe)[59]

werden von den Hochschulleitungen als weniger wichtig für die Qualitätssicherung ihrer Hochschule angesehen. Dies belegen die Plätze 5 bis 7 bei der Beantwortung der Frage 1. Die Tatsache, dass sich die Mittelwerte für diese drei Items immerhin im 3er-Bereich bewegen, der Mittelwert für die Wichtigkeit von Zielvereinbarungen liegt sogar bei 2,62, lässt die Interpretation zu, dass die hochschulpolitischen Strategien und Steuerungsmöglichkeiten wie Gender Mainstreaming, formelgebundene Mittelvergabe und Zielvereinbarungen, für die Hochschulleitungen zumindest zum Repertoire qualitätssichernder Steuerungsinstrumente gehören. Deutlich wichtiger in diesem Zusammenhang ist ihnen die Verbesserung von Studium und Lehre (Platz 1, M = 2,11) sowie die Evaluation von Lehre, Studium, Forschung und Dienstleistung (Platz 2, M = 2,17). Ein (Neben-) Befund, der darauf hoffen lässt, dass zukünftig der Lehre an Hochschulen der ihr angemessene Stellenwert zukommt und die Arbeit an den Kommunikationsproblemen der Institution Hochschule in den Fokus des Interesses tritt, denn dies hätte eine deutliche Verbesserung von Lehre und Studium zur Folge[60]. Darüber hinaus sollten nach diesem Befund Hochschuldidaktische Zentren attraktive Partner für Gleichstellungsbeauftragte sein.

Der 6. von 7 möglichen Rangplätzen für die Anwendung des Gender Mainstreaming Prinzips (Frage 1) bestätigt deutlich die Vermutung, dass die Auseinandersetzung mit Gender Mainstreaming in der „Aufgabenliste" der Hochschulleitungen keine Priorität besitzt (vgl. 7.1). „Erschwerend"

---

[59] Vgl.: DEGETHOFF DE CAMPOS, H., HAASE, S., KOREUBER, M. & KRISZIO, M. (Hrsg.). Zielvereinbarungen als Instrument erfolgreicher Gleichstellungspolitik. Ein Handbuch. Berlin: Verlag Hoffmann & Hoyer, 2002; *Zeitschrift für Frauenforschung und Geschlechterstudien*, Heft 3/2002, Themenschwerpunkt Hochschul- und Wissenschaftsentwicklung durch Gender Mainstreaming?; ROLOFF, C. (Hrsg.). Personalentwicklung, Geschlechtergerechtigkeit und Qualitätsmanagement an der Hochschule. Bielefeld: 2002; BAAKEN, U. & PLÖGER, L. (Hrsg.). Gender Mainstreaming. Konzepte und Strategien zur Implementierung an Hochschulen. Bielefeld: 2002.
[60] Vgl. BORCHARD, C.: Hochschuldidaktische Weiterbildung – Akzeptanz und Wirkung. Münster: 2001, S. 137f.

kommt noch hinzu, dass sie die Anwendung des Gender Mainstreaming Prinzips bei Planungen und Entscheidungen für die Umsetzung des Gleichstellungsauftrags mit einem Mittelwert von 2,9 zwar noch für wirksam halten, jedoch dem Mentoring, der Realisierung einer familienfreundlichen Hochschule und frauenspezifischen Qualifizierungsangeboten eine höhere „Durchschlagskraft" zuschreiben.

Somit gelangt das Thema Gender Mainstreaming mit einer geringen Dringlichkeit und einer mittleren Einschätzung zur Effektivität und damit auch Wichtigkeit nicht in den Bereich der „A-Aufgaben"[61] einer Hochschulleitung.

Die Vermutung, dass sich die Hochschulleitungen als nicht zuständig für die Umsetzung des Gleichstellungsauftrags ansehen, kann nicht eindeutig bestätigt werden. So war 72% (97) der Befragten bekannt, dass der Gleichstellungsauftrag in der Grundordnung/und oder Zielvereinbarung ihrer Hochschule als Querschnittsaufgabe festgeschrieben ist. 20% (27) beantworteten diese Frage mit Nein und bei 7,5% (10) ist sie noch nicht entschieden. Insgesamt gab es bei dieser Frage nur 6 missings, so dass man sagen kann, dass den Hochschulleitungen dieses Thema zumindest präsent ist und sie sich immerhin in der Mitverantwortung für die Umsetzung des Gleichstellungsauftrags sehen. Dies bestätigen auch die Ergebnisse der Frage 4 (vgl. 7.4). 51% (71) der Befragten nannten auf die Frage: „Wer ist an ihrer Hochschule verantwortlich für die Umsetzung des Gleichstellungsauftrags?" neben anderen Verantwortlichen auch den/die Präsidenten/ Präsidentin oder den/die Rektor/in, 13% (18) befanden sie sogar als alleinverantwortlich für die Umsetzung. Nur – oder immer noch – 34% (47) halten die Frauenbeauftragte/Gleichstellungsbeauftragte als alleinverantwortlich für die Umsetzung. Hier scheint zumindest im Bereich kognitiver Einschätzungen doch schon ein ganzes Stück Gleichstellungsarbeit geleistet worden zu sein.

Sogar 42,8% (54) der Hochschulleitungen halten eine Fortbildung zum Thema „Umsetzung des Gender Mainstreaming Prinzips" an ihrer Hochschule für wünschenswert. Diese wünschen sich eine Fortbildung zwar mehrheitlich für Fachbereichsleitungen (77%), aber 57% (31) wünschen

---

[61] A-Aufgaben sind die wichtigsten und dringlichsten Aufgaben einer Person, die nicht delegierbar sind und deren Bearbeitung für die Zielerreichung unabdingbar ist. Vgl dazu: SEIWERT, L.J.: Das neue 1x1 des Zeitmanagements. Offenbach: 1998; SEIWERT, L.J.: Selbstmanagement. Offenbach: 1999; RABEY, G.P.: Basiswissen für Führungskräfte. Selbstmanagement, Teambildung, Arbeitsorganisation. Niederhausen/Ts.: 1994

sich dies auch für sich selbst. 20,6% (26) gaben an, dass eine entsprechende Fortbildung bereits stattgefunden hat. So dass nur – oder immerhin – ein gutes Drittel der teilnehmenden Hochschulleitungen (36,5%) sich keine Fortbildung zum Thema „Umsetzung des Gender Mainstreaming Prinzips" an ihrer Hochschule wünscht.

Die Vermutung der generell geringen Akzeptanz von Fortbildungen bei Hochschulleitungen konnte mit der vorliegenden Untersuchung nicht eindeutig belegt werden, wobei zu beachten ist, dass die absolute Zahl der Teilnehmenden, die eine Fortbildung für sich für wünschenswert halten, mit 31 relativ gering ist. Weitere Forschungen zu dieser Frage könnten aufschlussreich sein.

Die „Durchschnitts-Note" der Gesamtbeurteilung des Tagungskonzepts liegt mit 2,67 leider nur im guten Mittelfeld. Gleichzeitig überzeugt das Konzept sowohl bildungs- als auch gleichstellungstheoretisch.

Diese Tatsache und dass nur 50 Befragte von 140 diese Frage überhaupt beantworteten, kombiniert mit dem Ergebnis (s.o.), dass das Thema Gender Mainstreaming mit einer geringen Dringlichkeit und einer mittleren Einschätzung der Wichtigkeit nicht in den Bereich der „A-Aufgaben" einer Hochschulleitung fällt, bestätigt die Vermutung, dass das Angebot der Tagung, sowohl was den Inhalt als auch die aktivierende Tagungsdidaktik betrifft, derzeit noch an den zentralen Interessen der Hochschulleitungen vorbei geht – der Zeit also einen Schritt voraus war.

Brigitte Doetsch

8. Geschlechtersensibilität und Gleichstellungspolitik als Teil des Qualitätsmanagements an Niedersächsischen Hochschulen

Bisher gibt es nur wenige Initiativen zur Entwicklung und Förderung von Geschlechtersensibilität bei Hochschulleitungen. Den Stand der Diskussionen und Aktivitäten hierzu, insbesondere in Niedersachsen, dokumentiert dieser Beitrag.

8.1 gender konsequent als Initial und Katalysator

Das Gendertraining im Rahmen der Braunschweiger Tagung war bis dato bundesweit ein einmaliges „Experiment": Hochschulleitungen wurden in einem Gendertraining für die Umsetzung von Geschlechtergerechtigkeit sensibilisiert.

Unter der Leitung eines Trainerpaares (siehe Beitrag von BLICKHÄUSER und VON BARGEN in diesem Band) bearbeiteten 10 Männer und 10 Frauen aus Präsidien und Rektoraten von Hochschulen aus dem gesamten Bundesgebiet das Thema Geschlechtersensibilität. Ein deutliches Interesse an diesem Angebot äußerte sich bereits darin, dass alle 20 Workshop-Plätze innerhalb weniger Tage nach Versendung der Tagungseinladung besetzt waren.

gender konsequent hatte, wie sich inzwischen zeigte, eine Initialwirkung bzw. verstärkte vielerorts Bestrebungen, Gendertrainings und andere Sensibilisierungsangebote durchzuführen.

In den Bundesländern und Hochschulen, aus denen Hochschulleitungspersönlichkeiten an der Tagung *gender konsequent* bzw. am integrierten Gendertraining[62] teilgenommen hatten, sprach sich deren positive Erfahrung herum: Das Gleichstellungsbüro der Technischen Universität Braunschweig, als Tagungsveranstalterin von *gender konsequent*, erhielt von anderen Hochschulgleichstellungsbeauftragten mehrere Anfragen nach den Durchführungsmodalitäten des Gendertrainings und nach konzeptionellen und organisatorischen Bedingungen.

---

[62] Das Gendertraining mit Hochschulleitungspersönlichkeiten im Rahmen der Tagung *gender konsequent* ist in dem Beitrag von Blickhäuser und von Bargen in diesem Band ausführlich beschrieben.

Frauen- und Gleichstellungsbeauftragte aus bayerischen Hochschulen zeigten besonderes Interesse, da in einem Erlass des Bayerischen Staatsministeriums für Wissenschaft, Forschung und Kultur vom 27.10.2003 mit dem Titel „Geschlechtersensible Sichtweise in Bayern (Gender Mainstreaming)"[63] dezidiert darauf hingewiesen wurde, Initiativen und Aktivitäten wie Gendertrainings zur Herstellung von Geschlechtersensibilität, zu planen.

Darüberhinaus wurde der Dialog zwischen Hochschulleitungen und Gleichstellungsbeauftragten Ziel verschiedener Initiativen:
- In Thüringen fand am 10.11.2003 auf Einladung der Wissenschaftsministerin Prof. DAGMAR SCHIPANSKI eine Tagung mit Hochschulleitungen und Gleichstellungsbeauftragten zum Thema: Gender Mainstreaming – Innovations- und Wettbewerbsfaktor an Thüringer Hochschulen statt. Als Referentin war die Frauen- und Gleichstellungsbeauftragte der Universität Göttingen, Dr. EDIT KIRSCH-AUWÄRTER, eingeladen. Zur Vorstellung kamen auch gleichstellungs- und personalpolitische Konzepte.
- Auf Einladung des hessischen Wissenschaftsministers CORTS erfolgte ein Austausch zwischen Präsidenten, Präsidentinnen und Frauenbeauftragten im April 2004. Das Impulsreferat wurde von DR. BARBARA HARTUNG, Niedersächsisches Ministerium für Wissenschaft und Kultur, gehalten. Der hessische Wissenschaftsminister forderte die Vertreter der Hochschulen auf, konkrete Vorschläge zur Verbesserung der Personalentwicklung (im wissenschaftlichen Bereich) zu machen und kündigte eine Wiederholung des Treffens nach einem Jahr an.
- In Rheinland-Pfalz wird ein ähnliches Zusammentreffen zwischen Hochschulleitungen und Gleichstellungsbeauftragten geplant. Mittlerweile wurden auch vereinzelt Workshops bzw. Gendertrainings durchgeführt.
- An der Fachhochschule für Technik und Wirtschaft in Berlin wurden von der Hochschulleitung wiederholt Gendertrainings angefragt und mit positiven Ergebnissen durchgeführt.
- In Hamburg wurde ein Workshop zum Thema Gender Budgets für die Kanzler der Hamburger Hochschulen durchgeführt.

---

[63] Erlass vom 27.10.2003 Bayerisches Staatsministerium für Wissenschaft, Forschung und Kunst (AZ. A 3-L 0542/1 – 8/44 190) zur *Geschlechtersensiblen Sichtweise in Bayern*, in dem ein Sachstandsbericht zur Umsetzung von *gender mainstreaming* gefordert wird.

- An der Pädagogischen Hochschule Heidelberg fand ein einschlägiger Workshop für die Hochschulleitung statt.
- Die Universität Dortmund führte ebenfalls ein Gendertraining durch, allerdings nur für die Leitung des Hochschuldidaktischen Zentrums.

8.2 Erfahrungen aus der Tagung *gender konsequent* als Grundlage für weitere Trainings

In Niedersachsen gab es schon seit längerem die Idee, die niedersächsischen Hochschulleitungen mittels Gendertrainings für eine Hochschulentwicklung zu sensibilisieren, die Chancengleichheit als Qualitätskriterium versteht.

Um der Umsetzung dieser Idee näher zu kommen und eine Grundlage für ein zukünftiges Angebotskonzept zu haben, wurden die gewonnenen Erfahrungen mit dem Gender Training *gender konsequent* ausgewertet.

Im Gendertraining *gender konsequent* sollte in einer Sensibilisierungsphase zunächst die individuelle Ebene der eigenen Biographie, der eigenen Geschichte und des eigenen Standortes innerhalb einer Organisation angesprochen und eine Reflexion eigener Geschlechterrollen und gesellschaftlicher, kultureller und individueller Werte und Sichtweisen vorgenommen werden. Dies scheint in hohem Maße gelungen zu sein, denn die Beteiligung aller Teilnehmenden war in der Sensibilisierungsphase sehr hoch. BLICKHÄUSER/VON BARGEN beschreiben in ihrem Beitrag auch die Offenheit der Teilnehmenden u. a. gegenüber neuen Methoden, wie sie sie im Wissenschaftsbereich nicht erwartet hätten.

Eine Erklärung für die rege Beteiligung und Offenheit dürfte in der Anonymität liegen, die durch die bundesweite Herkunft der Teilnehmenden gegeben war. Es ist anzunehmen, dass sich die Mitglieder eines Präsidiums, die ggf. täglich gemeinsam Leitungsaufgaben wahrnehmen, sich nicht gemeinsam in eine eher emotional bestimmte Situation begeben und die Reflexion ihrer eigenen Werte und Rollenvorstellungen preisgeben möchten.

Die Schlussfolgerung aus dieser Erfahrung ist, dass für den Baustein Sensibilisierungsphase in Gender Trainings ein hohes Maß an Anonymität ermöglicht werden sollte. Zumindest sollten aber möglichst keine persönlichen Arbeitsbeziehungen zwischen den teilnehmenden Hochschulleitungspersonen bestehen.

Im handlungsorientierten Teil des Gendertrainings war das Engagement der Teilnehmenden weniger lebhaft, obwohl Beispiele aus der Hochschulpraxis bearbeitet bzw. diskutiert werden sollten, d.h. statt der Befindlichkeitsebene die Ebene rational-organisatorischer Umsetzungsplanung in den Vordergrund rückte.. Eine Erklärung für das geringere Engagement im handlungsorientierten Trainingsteil dürfte hier der fehlende Arbeits- und Organisationszusammenhang zwischen den Teilnehmenden bieten. BLICKHÄUSER/VON BARGEN führen in ihrem Beitrag in diesem Band dazu aus: „... dass eine größere Tiefe bei der Bearbeitung von Fallbeispielen möglich ist, wenn ein gemeinsamer Organisations- und/oder Arbeitshintergrund besteht." Als weitere Schlussfolgerung ist also festzuhalten, dass für den Baustein Handlungsorientierung in Gendertrainings zwischen den Teilnehmenden Arbeitszusammenhänge bestehen bzw. übereinstimmende Kenntnisse der wesentlichen Organisationsstrukturen und Rahmenbedingungen gegeben sein sollten.

Dementsprechend sollten beide Schlussfolgerungen zukünftig für die Entwicklung eines Angebotes „Geschlechtersensibilität bei Hochschulleitungsaufgaben" berücksichtigt werden:

> Ein Sensibilisierungs-Baustein sollte hochschulübergreifend mit Teilnehmenden besetzt, ein darauf aufbauender handlungsorientierter Baustein hochschulintern durchgeführt werden.

Als Zielgruppe für ein solches Workshop-Angebot wären entsprechend dem Top-down-Prinzip des Gender Mainstreaming die Mitglieder der Präsidien, der Hochschul- und Stiftungsräte, der Dekanate und Dezernate der niedersächsischen Hochschulen definiert. Um den erforderlichen Qualitätsstandard für ein Gendertraining mit Hochschulleitungen zu garantieren, sollten die im Rahmen von *gender konsequent* von BLICKHÄUSER und VON BARGEN angewandten allgemeinen Prinzipien richtungsweisend sein:

> Fundierte Vorbereitung, begrenzte und geschlechterparitätische Teilnahme, geschlechterparitätisches Trainingsteam, Nachbereitung.
> Die Dauer der Workshops muss im Hinblick auf die „chronische Zeitnot" von Leitungspersönlichkeiten auf 6 - 8 Stunden begrenzt werden.

Themen zur handlungsorientierten Workshop-Arbeit bieten Hochschulpolitik und -entwicklung reichlich: Qualitätssicherung in Berufungsverfahren, Lehr- und Forschungsevaluation, Bologna-Prozess und Akkreditierung, u.v.a.m. Denn in allen Bereichen der Hochschulentwicklung gilt es im Sinne von Qualitätsmanagement, Perspektiven von Geschlechtergerechtigkeit einzubeziehen.

Im Rahmen der an die Erfahrungen von *gender konsequent* anschließenden Konzeptarbeit entstand auch zum ersten Mal die Idee der „Patenschaften": Hochschulpräsidentinnen und –präsidenten oder andere Personen aus Hochschulleitungen, die mit Gender Mainstreaming bereits Erfahrungen sammeln und Erfolge erzielen konnten und mit dem Thema bereits vertraut sind, könnten als Patenpaare die Präsidiumskolleginnen und -kollegen zu hochschulübergreifenden Workshops einladen.

Die vorgenannten Ideen und Vorschläge bildeten die Diskussionsgrundlage, um weitere Gleichstellungsakteurinnen und –akteure für eine Umsetzung zu gewinnen.

8.3 Geschlechtersensibilität - Gleichstellungspolitik – Qualitätssicherung

Die Jahrestagung der Landeskonferenz Niedersächsischer Hochschulfrauenbeauftragter (LNHF) am 26./27. Februar 2004 mit dem Titel „Gleichstellungspolitik optimal: Standortbestimmung – Perspektiven – Qualitätssicherung" bot die Gelegenheit, im Kreise der Hochschulfrauenbeauftragten mit einigen Hochschulvertretern Vorschläge zur Sensibilisierung für mehr Geschlechtergerechtigkeit und Chancengleichheit zwischen Männern und Frauen zu diskutieren. Im Rahmen eines Open-Space wurden neben einer Vielzahl anderer Fragestellungen auch die Themen „Männer und Frauen im Dialog" und „Geschlechtersensibilität - ein Bildungsauftrag für Hochschulleitungen?" in Workshops bearbeitet.

Damit wurde die Diskussion über eine Initiative zur Gendersensibilisierung der Hochschulleitungen in Niedersachsen weitergeführt und erweitert. Dies war auch der Open-Space-Methode zu verdanken, die das Aufgreifen neuer, innovativer Ideen und Vorhaben eher zulässt und die freie Formulierung von Gedanken und Ideen sehr viel stärker provoziert, als dies herkömmliche Gesprächsrunden ermöglichen.

Die wesentlichen Ergebnisse werden im Folgenden aufgezeigt. Sie enthalten weitere Anregungen für die Planung von Sensibilisierungsangeboten.

Zum Thema Frauen und Männer im Dialog wurde die Kommunikationsebene zwischen Hochschulleitungen und Frauen- und Gleichstellungsbeauftragten fokussiert. Dies ist insofern Voraussetzung für weitere Konzepte, da es meist die Gleichstellungsbeauftragten sind, die Initiativen zum Dialog und zur Sensibilisierung in Bezug auf Geschlechtergerechtigkeit entwickeln und organisieren.

Die Erfahrung der Gleichstellungsbeauftragten an Niedersächsischen Hochschulen zeigt, dass die Akzeptanz von Themen und die Arbeit im Bereich von Chancengleichheit und Gleichstellung zwischen Mann und Frau, Geschlechtergerechtigkeit und Gender Mainstreaming für die Entscheidungsebene nicht selbstverständlich ist. Oft muss für Verständnis und ein entsprechendes Engagement „geworben" werden, was jedoch in Gremien-Sitzungen und durch Herbeiführen von Beschlüssen wenig erfolgreich ist. Viel besser eignen sich informelle Gespräche, um die Beteiligten vom Nutzen der Geschlechtersensibilität und Chancengleichheit für Männer und Frauen, für alle in der Hochschulentwicklung beteiligten Akteurinnen und Akteure und schließlich für die gesamte Hochschule, zu überzeugen.

8.4 Geschlechtersensibilität – ein Bildungsauftrag für Hochschulleitungen

Ein weiterer Open-Space-Workshop der LNHF-Jahrestagung diskutierte unter der Überschrift „Geschlechtersensibilität – ein Bildungsauftrag für Hochschulleitungen?" und kam zu Ergebnissen, die direkt an das Gendertraining der Tagung *gender konsequent* anschließen.

Um eine Sensibilität und einschlägige Qualifizierung der Entscheidungsträgerinnen und Entscheidungsträger in Hochschulen, insbesondere der oberen und mittleren Leitungsebene, in Bezug auf Geschlechtergerechtigkeit zu erreichen, bedarf es konkreter Anstrengungen und Initiativen. Als ein Ergebnis des Open-Space-Workshops kristallisierte sich in Anlehnung an das Projekt „Q" (Qualitätsentwicklung) der Hochschulrektorenkonferenz (HRK) die Idee von Sensibilisierungs-Workshops für Hochschulleitungen heraus. Diese Angebote sollten Inhalte und Struktur von Gen dertrainings haben, ähnlich dem Gender-Training an der TU Braunschweig im Mai 2003 im Rahmen von *gender konsequent* durchgeführten Angebot.

Die Diskussion der Jahrestagung LNHF wurde einige Monate später im Arbeitsausschusses der LNHF fortgesetzt, mit dem Ergebnis der folgenden Operationalisierungs-Varianten:

Dialog zwischen Hochschulleitungen und Frauen- und Gleichstellungsbeauftragten

Ein kritischer Geschlechterdialog ist Voraussetzung für die Entwicklung von Chancengleichheit und Geschlechtergerechtigkeit für Männer und Frauen. Deshalb lautete der Vorschlag: Der Niedersächsische Minister für Wissenschaft und Kultur lädt die Hochschulleitungen und Frauen- und Gleichstellungsbeauftragten jährlich zu einem extern moderierten Austausch ein.

Geschlechtersensibilität – ein Bildungsauftrag für Hochschulleitungen

Ohne gemeinsame Lernprozesse bei Männern und Frauen bleiben genderspezifische Weiterbildungsangebote auf ein Geschlecht fixiert, halten an Stereotypen fest und manifestieren Konfliktlinien. Folgerichtig wurde vorgeschlagen, hochschulübergreifende Sensibilisierungs-Workshops zur Reflexion der eigenen Geschlechterrollen und –bilder und hochschulinterne, themenspezifische Fortbildungsworkshops durchzuführen.

Umsetzungsstrategien

Folgende Thesen wurden aufgestellt. Im Sinne einer Kosten-Nutzen-Analyse sind Notwendigkeit und Nutzen einer gewonnenen Geschlechtersensibilität für die Qualitätsentwicklung an niedersächsischen Hochschulen entsprechend auszuweisen und zu kommunizieren. Daraus folgte ferner, dass ein geeignetes PR-Konzept zu entwickeln sei und die Idee der Patenpaare aufgegriffen werden sollte.

8.5 Gleichstellungspolitik als Teil des Qualitätsmanagements an Niedersächsischen Hochschulen - Politische Handlungsmöglichkeiten und Perspektiven

Gegen Ende des Jahres 2004 kam die beschriebene Diskussion der Niedersächsischen Hochschul-Gleichstellungsbeauftragten mit einem Konzept zu einem vorläufigen Abschluss, indem alle Diskussionsergebnisse wie folgt zusammengefasst wurden. Der Titel dieses Vorschlagpapiers greift den Terminus „Gleichstellungspolitik" auf, um an die Vorgaben des Niedersächsischen Hochschulgesetzes (NHG)[64] direkt anzuknüpfen: Gleichstellungspolitik als Teil des Qualitätsmanagements an Niedersächsischen Hochschulen - Politische Handlungsmöglichkeiten und Perspektiven.

Auch dieses Konzept verweist auf das Erfordernis der Erweiterung eines Dialogs zwischen Hochschulleitungen, Gleichstellungsbeauftragten und dem Ministerium für Wissenschaft und Kultur, um Gleichstellungspolitik als Element des Qualitätsmanagements noch stärker zu verankern. Drei konkrete Handlungsvorschläge werden beschrieben:

- Gemeinsame Gespräche des Wissenschaftsministers mit den Hochschulleitungen und Gleichstellungsbeauftragten,
- Landesweite, themenorientierte Workshops,
- Ausschreibung eines Preises zur Förderung des Dialogs.

Deutlich gemacht wurden insbesondere Bedeutung und Nutzen der Gleichstellungspolitik für das Qualitätsmanagement. Hierbei kommt vor allem der Ansatz des Gender Mainstreaming zum Tragen, der – dem Beispiel Bayerns folgend[65] - mit „geschlechtersensible Sichtweise" übersetzt werden kann.

Geschlechtersensibilität meint, dass Frauen und Männer geschlechterbezogene Aspekte in ihr professionelles Handeln einbeziehen, d.h. alle Vorhaben werden auf ihre Auswirkungen auf Frauen und Männer neu überprüft. Verfahren und Maßnahmen werden so gestaltet, dass sie die Chancengleichheit von Frauen und Männern gewährleisten. Die folgenden

---

[64] Im NHG heißt es in § 3 Absatz 3: „Die Hochschulen ergreifen Maßnahmen zur Beseitigung der im Hochschulwesen für Frauen bestehenden Nachteile sowie zur Förderung der Frauen- und Geschlechterforschung (Gleichstellungsauftrag)".
[65] Vgl. Fußnote 63: Erlass des Bayerischen Staatsministeriums für Wissenschaft, Forschung und Kunst

Handlungsfelder zeigen exemplarisch, welche Bedeutung eine geschlechtersensible Sichtweise für die Qualitätsentwicklung in Hochschulen haben kann.

In Bezug auf zukünftige Hochschulzugangsverfahren und die Studienfachwahl ist das Wissen über tradierte Geschlechterkonstruktionen eine wesentliche Voraussetzung, um zukünftig Auswahlverfahren zu entwickeln, die höhere Frauenanteile generell und speziell in technisch-naturwissenschaftlichen Studiengängen ermöglichen.

Frauen entscheiden sich insbesondere dann für ein Studium der Ingenieurwissenschaften, wenn im Curriculum Anwendungsorientierung und Interdisziplinarität enthalten sind. Eine geschlechteradäquate Hochschullehre, die Einbeziehung sozialer und kommunikativer Aspekte und ein team-, projekt- und anwendungsorientiertes Studium machen technische und ingenieurwissenschaftliche Studiengänge für Frauen attraktiver[66]. Entsprechende Qualifikationen werden zunehmend auch in Wirtschaft und Industrie von zukünftigen Ingenieurinnen und Ingenieuren gefordert. Ebenso müssten Maßnahmen ergriffen werden, um Männer verstärkt z. B. für das GHR-Lehramt (Grund-, Haupt- und Realschule) sowie für andere pädagogische und sozialwissenschaftliche Studiengänge zu interessieren, da durch das Fehlen von Männern in pädagogischen Berufen den Kindern und Jugendlichen u. a. vielfältige Entwicklungs- und Identifikationsmöglichkeiten vorenthalten werden. Nach wie vor unterliegt die Berufswahl von Jungen und Mädchen in hohem Maße tradierten Rollenfestlegungen.[67]

Im Handlungsfeld Berufungsverfahren ist Geschlechtersensibilität als ein Element des „professionellen Umgangs mit Humanressourcen"[68] ausdrücklich zu berücksichtigen, um das Potenzial hochqualifizierter Wissenschaftlerinnen auszuschöpfen und so zu einer Qualitätssicherung und -steigerung der Berufungsverfahren beizutragen.

Der Nutzen der geschlechtersensiblen Sichtweise als Element des Qualitätsmanagements kann schließlich in einer möglichen Verbesserung der

---

[66] Ergebnisse hierzu siehe „Frauen geben der Technik neue Impulse", Bielefeld. Siehe auch: KARL-HEINZ MINKS, Chancen für neue Zielgruppen in naturwissenschaftlich-technischen Studiengängen: Gibt es neue Anforderungen an Inhalt, Struktur und Umfeld des Studiums? In: Impulse nutzen. Konferenzberichte, Berlin 2002, S. 20.
[67] DOETSCH, BRIGITTE. (Un)freiheit der Berufswahl für Mädchen. In: mentoring & mobilität. Motivierung und Qualifizierung junger Frauen für Technik und Naturwissenschaft. Aachen 2005.
[68] Vgl. PELLERT, ADA. Gender Mainstreaming und die Personal- und Organisationsentwicklung an Universitäten in diesem Band

Position Niedersachsens in bundesweiten und internationalen Rankings nachgewiesen werden. Ein Ländervergleich unter deutschen Universitäten von 2004[69] platziert Niedersachsen in der Gesamtsicht auf dem 13. Platz von 16. Im europäischen Vergleich ist außer der Universität Göttingen (Platz 25) keine weitere niedersächsische Universität unter den TOP 100[70] zu finden. Eine Verbesserung in bundesweiten und internationalen Rankings muss also als Ziel von Wissenschafts- und Hochschulpolitik angesehen werden. In Gleichstellungsrankings[71] liegt Niedersachsen deutlich im vorderen Viertel. Deshalb können die Erfolge der Gleichstellungspolitik und eine dezidierte Verbindung dieser Aspekte mit dem Qualitätsmanagement der einzelnen Hochschulen dazu dienen, die Position Niedersachsens zu verbessern. Gerade in Zeiten sinkender finanzieller Mittel gilt es, alle Potentiale für eine Qualitätssteigerung in Forschung und Lehre an niedersächsischen Hochschulen auszuschöpfen.

Zusammenfassend ist auf folgende Maßnahmen zur Qualitätsentwicklung hinzuweisen:

Gespräche des Wissenschaftsministers mit den Hochschulleitungen und Gleichstellungsbeauftragten

Im Dialog zwischen Wissenschaftsminister, den Leitungen der niedersächsischen Hochschulen und den Gleichstellungsbeauftragten könnten Fragen einer geschlechtersensiblen Sichtweise innerhalb des Qualitätsmanagements erörtert werden. Eine solche Vorgehensweise hat sich, wie oben erwähnt, bereits in anderen Bundesländern bewährt.

Konkret lautet der Vorschlag: Der Wissenschaftsminister lädt die Präsidenten, Präsidentinnen und Gleichstellungsbeauftragten der niedersächsischen Hochschulen zu dem Thema Gleichstellungspolitik als Teil des Qualitätsmanagement, ggf. unter Beteiligung der Hochschulreferenten, ein. Die Erfahrungen anderer Hochschulen können als Impulse genutzt werden.[72]

---

[69] CHE-Länder-Ranking. Ländervergleich von deutschen Universitäten. Gütersloh 2004.
[70] Top 100 European Universities. Abgerufen unter http://ed.sjtu.edu.cn/ranking.htm am 09.11.2004
[71] CEWS - Kompetenzzentrum Frauen in Wissenschaft und Forschung. Hochschulranking nach Gleichstellungsaspekten. Bonn 2003; Kompetenzzentrum Frauen in Informationsgesellschaft und Technologie. Studiengänge im Wettbewerb. Bielefeld 2004.
[72] Vgl. hier den Beitrag von Prof. Dr. ADA PELLERT in diesem Band

Im Rahmen eines solchen Dialogs kann über weitere Initiativen zur Integration einer geschlechtersensiblen Sichtweise in das Qualitätsmanagement der Hochschulen beraten werden, u. a. wie im folgenden vorgeschlagen.

Landesweite, themenorientierte Workshops für Hochschulleitungen

Auf Empfehlung des Wissenschaftsministers könnten in Kooperation mit der Landeshochschulkonferenz (LHK) und der Landeskonferenz Niedersächsischer Hochschulfrauenbeauftragten (LNHF) Workshops zum Thema Gleichstellungspolitik als Teil des Qualitätsmanagements landesweit für die Mitglieder der Hochschulleitungen und der Hochschul- und Stiftungsräte angeboten werden. Ggf. könnten auch die Hochschulleitungen anderer Bundesländer eingeladen werden.

Auf Einladung eines Präsidiums oder zweier Präsidien eines Hochschulstandortes, z. B. in Braunschweig oder Lüneburg oder Hannover, könnten, der Idee folgend, Patenpaare für einen equality-partnership zu gewinnen, Workshops für das „mittlere" Hochschulmanagement, die Dekanats- und Dezernatsebene, angeboten werden. Die Teilnahme erfolgt geschlechterparitätisch. Die thematische Fokussierung der Workshops greift aktuelle Themen und Fragestellungen von Hochschulpolitik und -entwicklung auf, z. B.: Qualitätsmanagement in Forschung und Lehre, Qualitätssicherung in Berufungsverfahren, Personalentwicklung im Wissenschaftsbereich, familiengerechte Hochschule und Dual-Career, Evaluationen, Bologna-Prozess, EU-Forschungsanträge, Nachwuchsförderung, leistungsorientierte Mittelbemessung.

Ausschreibung eines Preises zur Förderung des Dialogs

Der dritte Vorschlag beinhaltet die Idee einer Ausschreibung zur Vergabe eines Preises für die besten dialogfördernden Projekte an niedersächsischen Hochschulen. Diese Idee ist geleitet von der Erfahrung, dass der Dialog zwischen Akteuren und Akteurinnen immer ein produktiver Start für positive Entwicklungen ist.

Auch könnte so ein Anreiz gegeben werden, das Thema „Dialog mit Hochschulleitungen" zu intensivieren und zu verstetigen.

Mit den zuletzt beschriebenen Vorschlägen eröffnen sich verschiedene Möglichkeiten, um auf neuen Wegen Qualitätsentwicklung in Hochschulen zu forcieren und dem Ziel des Gleichstellungsauftrags näher zu kommen.

Während in der Vergangenheit Frauenförderpolitik separat betrieben wurde und sich insbesondere ordnungspolitischer Instrumente bediente, setzen die vorgenannten Vorschläge bei den drängenden Fragen der Hochschulpolitik an und integrieren die Gleichstellungsziele in die Handlungsfelder der Hochschulen. Statt Konfrontation und Kontrolle ist Kommunikation und Qualitätssicherung gefragt.

Spannend bleibt die Frage, ob die Vorschläge aufgegriffen werden und als top-down gesteuerter Prozess umgesetzt werden. Dann erst wären die Maßnahmen als Erfolg zu werten; auch für die Tagung *gender konsequent*, auf der erstmalig ein Gendertraining mit Männern und Frauen aus Hochschulleitungen erprobt wurde.

Informationen zu den Autoren/innen

Henning von Bargen
Henning von Bargen, Soziologe und Pädagoge, Organisations- und Personalentwickler, Gender-Trainer und Gender-Berater. Er hat langjährige Erfahrungen in der (politischen) Erwachsenenbildung und Projektarbeit in unterschiedlichen Organisationen. Derzeitiger Schwerpunkt seiner Arbeit als Referent für die Gemeinschaftsaufgabe Geschlechterdemokratie der Heinrich-Böll-Stiftung liegt in der internen Prozessbegleitung, Planung und Durchführung von gender-bezogenen Fortbildungen, OE-/ PE-Maßnahmen für MitarbeiterInnen und MultiplikatorInnen sowie Beratung und Begleitung von Organisationen bei der Implementierung von Gender Mainstreaming.

Kontakt:
Heinrich-Böll-Stiftung e.V.
Arbeitsbereich Gemeinschaftsaufgabe Geschlechterdemokratie
Rosenthaler Strasse 40/41,
10178 Berlin
E-Mail: vonbargen@boell.de,
www.gendertraining.de, www.boell.de

Angelika Blickhäuser
Angelika Blickhäuser, Dipl. Volkswirtin und Dipl. Handelslehrerin, mit langjähriger Berufserfahrung in Verwaltung und Politik. Sie arbeitet freiberuflich als Supervisorin, DGSV, Gender - Beraterin und Gender – Trainerin. Seit 1998 führt sie in Zusammenarbeit mit Henning von Bargen berufsbegleitende Qualifizierungsmaßnahmen durch: "Gender Kompetenz durch Gender Training und Gender Beratung", Ausbildung zu Gender Trainerin und Gender Trainer.
Weitere Schwerpunkte ihrer Arbeit bilden die Gender Beratung, das Gender Coaching und die Konfliktberatung.

Kontakt:
Dauner Str. 6
50937 Köln
E-Mail: blickhaeuser@t-online.de
www.genderberatung.de

Dr. Christiane Borchard
Christiane Borchard, Dipl.-Pädagogin. Sie hat in Göttingen Familienpädagogik studiert, sechs Jahre als wissenschaftliche Mitarbeiterin in der Arbeitsstelle für Hochschuldidaktik an der TU Braunschweig gearbeitet und dort 2001 in Erziehungswissenschaften mit besonderem Schwerpunkt in Hochschuldidaktik und Hochschulentwicklung promoviert. Als wissenschaftliche Mitarbeiterin des Projekts *gender konsequent* war sie betraut mit der Konzeptionierung, Organisation und Moderation der Tagung. Heute arbeitet sie freiberuflich als Referentin und Beraterin in den Bereichen Hochschule, Schule und Familie.

Kontakt:
Charlottenburger Sr. 4a
37085 Göttingen
E-Mail: cb.borchard@t-online.de

Dr. Mineke Bosch

Mineke Bosch is Associate Professor at the Centre for Gender and Diversity at the University of Maastricht. Originally she was trained as a historian and at first became an expert in the history of the international women's movement. Later she specialised in the history and sociology of gender and science. She published several books and articles on the subject. In 1999 she did a background study on women and science for the Advisory Council for Research Policy in the Netherlands. She was a member of the (European Technology Assessment Network) ETAN expert group on women and science which produced the European Commission's report: *Science Policies in the European Union. Promoting Excellence through Mainstreaming Gender Equality* (2000). In 2001 she was contractor for the Gender Impact Assessment of the Specific Programme of FP5: Quality of Life and Management of Living Resources. Currently she is contractor and project leader of the Equal project 'Bridging the gender gap at universities'. This year she will publish a major biographical study of Aletta Jacobs (1854-1929) who was the first woman to study in the Netherlands, and later became famous for her suffrage and peace activities.

Kontakt:
Centrum voor Gender en Diversiteit
Bouillonstraat 6
Kamer 1.009
E-Mail: m.bosch@genderdiversiteit.unimaas.nl

Prof. Dr. Bozena Choluj

Bozena Choluj, Literatur- und Kulturwissenschaftlerin. Sie kann als eine der wichtigsten Gender-Forscherinnen Polens bezeichnet werden. Sie publiziert nicht nur seit langem in dem Feld der Kulturwissenschaften, darüber hinaus ist sie Initiatorin verschiedener wichtiger auch internationaler Konferenzen zu Problemstellungen feministischer Politik und Theorie in Polen. Sie ist Herausgeberin der Zeitschrift "Katedra", die eine zentrale Funktion für die Entwicklung der Gender Studies in Polen hat und in der polnische ebenso wie internationale Beiträge publiziert werden. Seit 1992 arbeitet sie intensiv mit polnischen NGO's, sie ist Mitbegründerin von drei: OSKa (Informationszentrum für Frauenaktivitäten in Warschau), Polnisches Komitee von NGO's – Beijing 1995 und Karat-Koalition. Prof. Dr. Choluj hat 1995 an der Universität Warschau Gender Studies begründet und ist seit 1996 deren Leiterin. Darüber hinaus lehrt sie seit 1998 an der Europa-Universität Viadrina Frankfurt/Oder, wo sie seit 2001 eine Professur für Vergleichende Mitteleuropastudien innehat. Dort arbeitet sie in der Kooperation der Viadrina Universität mit der Potsdamer Universität an der Erarbeitung des gemeinsamen Programms für Gender Studies. Im Sommersemester 2002 hatte sie die Gastprofessur im Rahmen des "Maria-Goeppert-Mayer-Programms für internationale Frauen und Genderforschung" an der Carl von Ossietzky Universität Oldenburg erhalten.

Kontakt:
Europa Universität Viadrina
Kulturwissenschaftliche Fakultät
Große Scharrnstr. 59
15230 Frankfurt/Oder
E-Mail: b.choluj@uw.edu.pl

Brigitte Doetsch
Brigitte Doetsch hat an der Universität Koblenz-Landau die „Koblenzer Frauenstudien" absolviert. Seit 2000 ist sie Universitätsfrauenbeauftragte der Technischen Universität Carolo Wilhelmina zu Braunschweig. Brigitte Doetsch ist Mitglied der Landeskonferenz der niedersächsischen Hochschulfrauenbeauftragten, im Beirat FrauenArchiv Braunschweig e.V. und der Gemeinsamen Kommission für Gender Studies des Braunschweiger Zentrums für Gender Studies. Sie hatte die Idee, im Rahmen einer Tagung, Hochschulleitungen ein Gender-Training anzubieten.

Kontakt:

TU Braunschweig
Gleichstellungsbüro
Pockelsstr. 11
38106 Braunschweig
Tel.: 0531/3914545
E-Mail: b.doetsch@tu-bs.de

Prof. Dr. Karl Neumann
Karl Neumann, seit 1995 Professor für Schulpädagogik an der TU Braunschweig und Leiter des Kompetenzzentrums Hochschuldidaktik für Niedersachsen an der TU Braunschweig. Von 1999 bis 2001 war Prof. Dr. Neumann Vizepräsident für Lehre, Studium und Weiterbildung sowie Internationale Beziehungen an der TU Braunschweig.
An das Studium der Philosophie, Pädagogik, Germanistik und Geschichte in Berlin, Wien und Göttingen, schloss sich die Tätigkeit als Wissenschaftlicher Assistent und seit 1980 als Universitätsprofessor für Allgemeine Pädagogik an der Universität Göttingen an.
Die Arbeitsschwerpunkte von Professor Neumann liegen in der Didaktik, Weiterbildung, Schul- und Hochschulentwicklungsforschung und Pädagogik der frühen Kindheit. Er ist Mitherausgeber der Schriftenreihe „Forum Hochschulentwicklung und Hochschuldidaktik".

Kontakt:
TU Braunschweig
Arbeitsstelle für Hochschuldidaktik
Postfach 3329
38023 Braunschweig
Tel.: 0531/3914286
E-Mail: karl.neumann@tu-braunschweig.de

Prof. Dr. Ada Pellert

Ada Pellert, Ao.Univ.Prof. in der Abteilung Hochschulforschung, Fakultät für Interdisziplinäre Forschung und Fortbildung (IFF) der Universität Klagenfurt, Standort Wien, war von Dezember 1999 - Oktober 2003 Vizerektorin der Karl-Franzens-Universität Graz für Lehre, Personalentwicklung und Frauenförderung
Sie hat in Graz und Wien Betriebswirtschaft studiert und sich 1998 für Organisationsentwicklung mit besonderem Schwerpunkt auf Wissenschafts- und Bildungseinrichtungen habilitiert. Ihre derzeitigen Arbeitsschwerpunkte in Lehre, Forschung und Beratung sind Fragen der Evaluation von Lehre, von Weiterbildung und von Organisationseinheiten, Fragen des Universitätsmanagements und der Personalentwicklung, international vergleichende Hochschulforschung, Frauenförderung.
Ada Pellert ist Mitglied von CHER (Consortium for Higher Education Reseachers).

Kontakt:
Abteilung Hochschulforschung|Higher Education Research
Fakultät für interdisziplinäre Forschung und Fortbildung (IFF) der Universität Klagenfurt, Standort Wien
A-1070 Wien, Schottenfeldgasse 29
Tel.:++43/1/522 4000-124
E-Mail: ada.pellert@uni-klu.ac.at
www.iff.ac.at/hofo

Dr. Barbara Stiegler

Barbara Stiegler, Dipl.-Psychologin und Dipl.-Pädagogin. Sie ist wissenschaftliche Mitarbeiterin in der Abteilung Arbeit und Sozialpolitik der Friedrich Ebert Stiftung, Bereich Frauen und Geschlechterforschung. In den letzten Jahren arbeitet sie überwiegend an der Umsetzung des Gender Mainstreaming Prinzips.

Kontakt:
Friedrich-Ebert-Stiftung
Bonner Haus
Godesberger Allee
53170 Bonn
Tel.: 0228/883-270
E-Mail: barbara.stiegler@fes.de

Forum Hochschulentwicklung und Hochschuldidaktik
hrsg. von
Prof. Dr. Anna-Katharina Szagun (Universität Rostock),
Prof. Dr. Karl Neumann (TU Braunschweig) und
Dr. Herbert Asselmeyer (Universität Hildesheim)

Anna-Katharina Szagun
Rostock – Wege entstehen beim Gehen
"Wege entstehen beim Gehen" – Der Band beschreibt Neuaufbrüche einer traditionsreichen Ostuniversität: Die Alma Mater Rostockiensis, gegründet 1419, in Vorwendezeiten bereits hochschulpädagogisch aktiv, stellt hochschuldidaktische Initiativen vor: Zum einen geht es um die Konzeption und Auswertung der "Tage der Lehre", einem Verbund-Modell, das bei hochschulübergreifender Abstimmung von Bedarfen und Ressourcen für das ganze Land seit 1997 jährlich 15-30 Kursangebote zur Kompetenzerweiterung im Bereich Hochschuldidaktik bzw. Schlüsselqualifikation bereitstellt. Dann werden Anreizsysteme der Qualitätssicherung (z. B. Förderpreis für die Lehre) diskutiert. Zum Dritten werden aus verschiedenen Fakultäten Neuaufbrüche des Lehrens und Lernens vorgestellt, Antwortversuche auf neue Problemkonstellationen: Die Berichte verstehen sich als vorläufige Wegbilanzen, die ermutigen und anregen wollen, neue Lehr- und Lernwege kritisch-kommunikativ weiter zu entwickeln.
Bd. 1, 2001, 152 S., 20,90 €, br., ISBN 3-8258-4749-7

Christiane Borchard
Hochschuldidaktische Weiterbildung – Akzeptanz und Wirkung
Eine Analyse am Beispiel des Bausteinprogramms WindH – Weiterbildung in der Hochschullehre, seiner Konzeption und Evaluation
Im Zuge der Diskussion um die „Qualität der Lehre" ist das Interesse an hochschuldidaktischer Weiterbildung gestiegen. Dies macht es umso dringender, bestehende Angebote hinsichtlich ihrer Akzeptanz und vor allem der Wirkungen zu evaluieren. In vorliegendem Band werden exemplarisch an dem Bausteinprogramm *WindH* – Weiterbildung in der Hochschullehre grundlegende didaktische Fragen der Konzeption eines curricular ausgelegten hochschuldidaktischen Weiterbildungsprogramms diskutiert, einschließlich historischer, lernpsychologischer und bildungstheoretischer Aspekte, sowie ein Evaluationsmodell dargestellt, das dem Idealtypus wirkungsanalytischer Forschung sehr nahe kommt.
Bd. 2, 2002, 232 S., 17,90 €, br., ISBN 3-8258-6072-8

Anna-Katharina Szagun
Universitas semper reformanda
Neue Lernwege in Theologie und Religionspädagogik
Dass sich mit dem radikalen gesellschaftlichen Wandel auch die theologische Ausbildung grundlegend ändern muss, wird seit Jahren (u. a. in der Studienreformkommission, vgl. EKD, Im Dialog über Glauben und Leben, Gütersloh 1997) diskutiert: Aber wie lässt sich ein „integratives" Theologiestudium praktisch realisieren? Der Band spiegelt ein breites Spektrum erprobter Aufbrüche in Form von alternativer Lehre bzw. Studienorganisation in verschiedenen Disziplinen und Studienphasen. „Integratives" Theologiestudium wird in vielfältigen Konkretionen vor Augen geführt. Die „Ermutigungsmodelle" laden ein zum Weiterdenken und zu neuer Praxis.
Bd. 3, 2003, 248 S., 19,90 €, br., ISBN 3-8258-7041-3

Pädagogische Reflexionen

Hasko Schneider;
Benedict Lax-Grüneberg (Hg.)
Mein schönstes Erziehungserlebnis
Reflexionen von Studierenden des Faches Pädagogik
In diesem Band kommen Pädagogik-Studenten der Westfälischen Wilhelms-

LIT Verlag Münster – Berlin – Hamburg – London – Wien
Grevener Str./Fresnostr. 2 48159 Münster
Tel.: 0251 – 62 032 22 – Fax: 0251 – 23 19 72
e-Mail: vertrieb@lit-verlag.de – http://www.lit-verlag.de

Universität Münster zu Wort und berichten von Ihren Erfahrungen im Bereich Erziehung. Wie wurden die Studierenden erzogen oder wie haben sie selbst erzogen, was waren Schlüsselerlebnisse aus pädagogischer Sicht. Die Berichte bieten Reflexionen aus verschiedensten Bereichen, z. B. eigenes Elternhaus, Schule, Universität, Zivildienst sowie Kindergruppen und stellen aus diesen Bereichen positive wie auch negative Erfahrungen vor. Unterstützt wurde dieses Projekt von der Westfälischen Wilhelms-Universität Münster.
Bd. 1, 2002, 104 S., 13,90 €, br.,
ISBN 3-8258-6359-x

Kooperativ – reflexiv
Beiträge internationaler
Bildungsforschung
hrsg. von Prof. Dr. Asit Datta,
Dr. Gregor Lang-Wojtasik,
Prof. Dr. Harry Noormann
und Prof. Dr. Horst Siebert

Gregor Lang-Wojtasik
Bildung für alle! Bildung für alle?
Zur Theorie non-formaler Primarbildung am Beispiel Bangladesh und Indien
Die Arbeit beschäftigt sich mit einem innovativen Aspekt der internationalen Bildungsdiskussion auf dem Hintergrund der Weltkonferenzen "Education For All" in Jomtien (Thailand 1990) und 'World Education Forum' in Dakar (Senegal 2000). Non-Formal Education wird hier als Bildungsarbeit von NGOs und Teil einer dreigeteilten Grundbildungsstrategie verstanden. Sie gilt im Vergleich zu staatlichen Bildungsangeboten als erfolgreicher. Anhand ausgewählter Fallbeispiele von NFPE (Non-Formal-Primary Education) für Kinder im Alter von 6 – 14 Jahren in Bangladesh und Indien – als Schwerpunkt Proshika und Samuday, im Vergleich BRAC, GSS, Vikas Kendra, PGSS, SWRC und Indian Institute of Education – wird der (Miss-)Erfolg der Bildungsprogramme auf verschiedenen Ebenen untersucht (z. B. Einschulung / Abbruch, Bedeutung im nationalen Bildungssystem, Partizipation,

Konzeptionen, Perspektiven, Interaktion formaler und non-formaler Bildung). Die Arbeit beschäftigt sich mit einem Aspekt der qualitativen Nord-Süd-Bildungsforschung. Die damit verbundenen Probleme, Grenzen und Chancen werden in einem eigenen Kapitel thematisiert und reflektiert.
Bd. 1, 2001, 288 S., 20,90 €, br.,
ISBN 3-8258-5466-3

Einführungen: Pädagogik

Elisabeth Zwick
Spiegel der Zeit – Grundkurs Historische Pädagogik I
Antike: Griechenland – Ägypten – Rom – Judentum
Warum denken Menschen so, wie sie denken? Warum handeln Menschen so, wie sie handeln? Zur Beantwortung dieser Fragen werden Neuansätze historischer Forschung aufgegriffen. Um den Gesamtprozess der Sozialisation zu verdeutlichen wird auch der Frage nachgegangen, in welcher Form Gesellschaftsstruktur und Kultur, Religion, Philosophie und Medizin das Selbstverständnis und -erleben des Subjektes beeinflussten, wie sie zwischenmenschliche Beziehungen und Interaktionen prägten und sich auf das Verständnis von Erziehung und Bildung auswirkten.
Bd. 1, 2005, 152 S., 12,90 €, br.,
ISBN 3-8258-8304-3

Bildung und Technik
hrsg. von Prof. Dr. Werner Sesink
(TU Darmstadt)

Werner Sesink
Einführung in die Pädagogik
Bd. 1, 2001, 312 S., 20,90 €, br.,
ISBN 3-8258-5830-8

Werner Sesink
Das Werden des Selbst
Eine pädagogische Einführung in die psychoanalytische Entwicklungstheorie D. W. Winnicotts
In der Reihe *Bildung und Technik* erscheinen Vorlesungsskripte und wissenschaftliche

LIT Verlag Münster – Berlin – Hamburg – London – Wien
Grevener Str./Fresnostr. 2 48159 Münster
Tel.: 0251 – 62 032 22 – Fax: 0251 – 23 19 72
e-Mail: vertrieb@lit-verlag.de – http://www.lit-verlag.de

Abhandlungen aus dem Arbeitsbereich „Allgemeine Pädagogik – Bildung und Technik" der Technischen Universität Darmstadt. Technik ist heute ein allgemeinpädagogisch und bildungstheoretisch höchst relevantes Thema. Insbesondere die neuen Informations- und Kommunikationstechnologien verändern Inhalte und Formen der Bildung nachhaltig. Diesen Prozess gilt es kritisch zu reflektieren, aber auch konstruktiv mitzugestalten. Innerhalb der Reihe sollen die *Darmstädter Vorlesungen* auf anspruchsvolle, dennoch gut verständliche Weise in breitere Themenfelder und Grundfragen der Pädagogik einführen. Die Texte wurden bewusst in der Fassung für den mündlichen Vortrag belassen, in der Hoffnung, dass sich etwas von der Atmosphäre, die in einer Vorlesung durch persönliche Ansprache entstehen kann, auf die Leserinnen und Leser überträgt.
Bd. 2, 2002, 160 S., 17,90 €, br.,
ISBN 3-8258-5832-4

Werner Sesink
In-formatio: Die Einbildung des Computers
Beiträge zur Theorie der Bildung in der Informationsgesellschaft
Im vorliegenden Band soll geprüft werden, wohin es führt, den Computer als Einbildung (= in-formatio) des Menschen zu interpretieren: Computer sind Mittel und Medien menschlicher Einbildungskraft. Sie verführen zu der Einbildung, dass die Annahme einer Welt außerhalb unserer subjektiven Konstruktionen Illusion und Irrtum sei. Über Computer bilden wir unsere Vorstellungen, Wünsche und Träume der Welt ein. Wir übernehmen das technologische Konzept des Computers in unsere Selbstkonzepte, bilden uns so den Computer ein oder bilden uns gar ein, Computer zu sein. Zugleich ist Einbildung (informatio) ein Moment von Bildung (formatio), nicht nur etymologisch. Über die daraus resultierende überraschende Nähe von Informatik und Pädagogik zu reflektieren, soll beitragen zu einer Theorie der Bildung in der Informationsgesellschaft.
Bd. 3, 2003, 168 S., 17,80 €, br.,
ISBN 3-8258-7355-2

Werner Sesink; Karsten Wendland (Hg.)
Studieren im Cyberspace?
Die Ausweitung des Campus in den virtuellen Raum
In der Reihe Bildung und Technik erscheinen Vorlesungsskripte und wissenschaftliche Abhandlungen aus dem Arbeitsbereich „Allgemeine Pädagogik – Bildung und Technik" der Technischen Universität Darmstadt. Der vorliegende Band vereinigt Beiträge einer Ringvorlesung zur strategischen Entscheidung der TU Darmstadt, den Weg zu einer „Dual Mode Universität" zu beschreiten. Die damit beabsichtigte „Ausweitung des Campus in den virtuellen Raum" warf die Frage auf, wie sich denn in Zukunft ein solches „Studieren im Cyberspace" gestalten würde; welche Erwartungen und Hoffnungen damit verbunden sind, aber auch welche materiellen, sozialen und möglicherweise pädagogischen „Kosten" die Folge sein könnten.
Bd. 4, 2005, 192 S., 18,90 €, br.,
ISBN 3-8258-8420-1

Forum Behindertenpädagogik
hrsg. von Prof. Dr. Ulrike Schildmann
(Universität Dortmund) und
Prof. Dr. Monika Schumann
(Katholische Fachhochschule Berlin)

Ulrike Schildmann;
Bettina Bretländer (Hg.)
Frauenforschung in der Behindertenpädagogik
Systematik – Vergleich – Geschichte – Bibliographie. Ein Arbeitsbuch
Bd. 3, 2000, 160 S., 17,90 €, br.,
ISBN 3-8258-4975-9

LIT Verlag Münster – Berlin – Hamburg – London – Wien
Grevener Str./Fresnostr. 2 48159 Münster
Tel.: 0251 – 62 032 22 – Fax: 0251 – 23 19 72
e-Mail: vertrieb@lit-verlag.de – http://www.lit-verlag.de

Ursula Kulmer
Erfolgskonstruktionen – Strategie-Interviews mit körperbehinderten Frauen
Bd. 4, 2000, 392 S., 25,90 €, br.,
ISBN 3-8258-4829-9

Sabine Lingenauber;
Ulrike Schildmann (Hg.)
Fachvertreter der Integrationspädagogik: Hans Eberwein, Georg Feuser und Ulf Preuss-Lausitz
Bibliographie der Gesamtwerke
Bd. 5, 2001, 104 S., 17,90 €, br.,
ISBN 3-8258-4990-2

Ireneus Lakowski
Das Behinderten-Bildungswesen im Preußischen Osten
Ost-West-Gefälle, Germanisierung und das Wirken des Pädagogen Joseph Radomski
Bd. 6, 2001, 224 S., 17,90 €, br.,
ISBN 3-8258-5261-x

Sabine Knauer
Unterrichtsforschung in Integrationsklassen
Ein Projekt zur Reform der universitären Lehrerbildung
Durch die Integrationspädagogik wird die traditionelle Lehrerrolle in Frage gestellt. Da zwei Lehrkräfte im Team arbeiten und integrativer Unterricht den heterogenen Ausgangsvoraussetzungen, Lernbedürfnissen und -fähigkeiten der Schüler angepasst werden muss, ist ein anderes Rollenbild und Aufgabenverständnis erforderlich. Das hier geschilderte Vorhaben belegt, dass integrationspädagogische Studien durch eine Theorie-Praxisverzahnung wissenschaftlich-methodisches Arbeiten und die für professionelles Lehrerhandeln notwendigen kognitiven, reflexiven und kommunikativen Kompetenzen vermitteln können.
Bd. 7, 2002, 160 S., 17,90 €, br.,
ISBN 3-8258-5808-1

Claudia Nagode
Grenzenlose Konstruktionen – konstruierte Grenzen?
Behinderung und Geschlecht aus Sicht von Lehrerinnen in der Integrationspädagogik
Welche Bilder von Behinderung und Geschlecht haben Lehrerinnen, die mit behinderten und nichtbehinderten Mädchen und Jungen arbeiten? In diesem Buch wird analysiert, woraus individuelle Vorstellungen von Behinderung und Geschlecht entstehen, indem Konstruktionsprozesse von Lehrerinnen betrachtet werden. Behinderung und Geschlecht werden dabei nicht als Tatsachen sondern als kulturelle Ideen vorgestellt, die unsere Wahrnehmungen leiten. Zugrunde liegt eine (de)konstruktivistische Perspektive, die einen neuen Blick auf Behinderung ermöglicht und erstaunliche Analogien zwischen den beiden Konstruktionen sichtbar macht.
Bd. 8, 2002, 320 S., 25,90 €, br.,
ISBN 3-8258-5925-8

Silke Bartmann
Der behinderte Mensch im Spielfilm
Eine kritische Auseinandersetzung mit Mustern, Legitimationen, Auswirkungen von und dem Umgang mit Darstellungsweisen von behinderten Menschen in Spielfilmen
Diese Arbeit beschäftigt sich mit Darstellungsweisen von Menschen mit Behinderungen in Spielfilmen. Zunächst wird in einer theoretischen Aufarbeitung erläutert, welchen Stand Menschen mit Behinderungen in der Gesellschaft haben und welche Wirkungsmöglichkeiten der Spielfilm besitzt. Basierend auf einer Untersuchung von 217 Filmen werden im praktischen Teil der Arbeit Darstellungsweisen behinderter Menschen in Spielfilmen aufgezeigt und analysiert. Es werden u. a. Aussagen zur Charakterisierung der Figuren, zu geschlechtsspezifischen Unterschieden in den Darstellungen und zu möglichen Auswirkungen derartiger Präsentationen auf den Rezipienten gemacht.
Bd. 9, 2002, 304 S., 20,90 €, br.,
ISBN 3-8258-5956-8

LIT Verlag Münster – Berlin – Hamburg – London – Wien
Grevener Str./Fresnostr. 2 48159 Münster
Tel.: 0251 – 62 03 22 – Fax: 0251 – 23 19 72
e-Mail: vertrieb@lit-verlag.de – http://www.lit-verlag.de

Helga Fasching
Qualitätskriterien in der beruflichen Integrationsmaßnahme Arbeitsassistenz
Unter besonderer Berücksichtigung von Jugendlichen mit Lernbehinderung
Das Thema der vorliegenden Forschungsarbeit ist die Frage nach einer guten Beratung in der Maßnahme Arbeitsassistenz unter besonderer Berücksichtigung von Jugendlichen mit Lernbehinderung. Anhand einer Struktur-, Prozess- und Ergebnisanalyse wird überprüft, inwieweit das Angebot der Arbeitsassistenz ausreicht, um eine dauerhafte berufliche Integration für diese Zielgruppe zu ermöglichen. Dabei werden pädagogisch relevante Qualitätskriterien in den Mittelpunkt der Analyse gestellt. Dieses Buch liefert einen wichtigen Beitrag für weiterführende Forschungsarbeiten im Bereich der beruflichen Integration, die sich mit Qualitätsfragen auseinandersetzen. Es ist auch geeignet für PraktikerInnen, die Arbeitsassistenz leisten und sich nicht bloß darauf beschränken, in der „Vermittlung" von Jugendlichen das alleinige Ziel von Arbeitsassistenz anzusehen.
Bd. 10, 2004, 232 S., 20,90 €, br.,
ISBN 3-8258-7387-0

Pädagogik und Wirtschaft

Cornelia Knoch
Lehren und Lernen in der Wirtschaft
Darstellung aktueller Trainingsmethoden und ihre Beurteilung im Spiegel einer empirischen Untersuchung. Schlußfolgerungen für das Lehren und Lernen in der Schule mit methodischem Beispiel für das Fach Geschichte
Vor dem Hintergrund der Prämisse „Lebenslanges Lernen" und den Anforderungen an eine konstruktivistische Lernkultur untersucht die vorliegende Arbeit die Anwendung moderner Trainingsmethoden in der Personalentwicklung. Eine empirische Untersuchung, die 700 deutsche Unternehmen einbezieht, zeigt auf, welche Methoden heute eingesetzt und welche Schlüsselqualifikationen von Schulabgängern und Hochschulabsolventen gefordert werden. Die Erhebung dokumentiert die Kluft zwischen den Resultaten des schulischen Lernens und den Anforderungen der Wirtschaft. In einer weiterführenden Überlegung beschreibt die Autorin, wie auf der Basis dieser Ergebnisse schulisches Lehren und Lernen innovativ akzentuiert werden kann, um den Ansprüchen der Wissensgesellschaft Folge zu leisten.
Bd. 1, 2002, 272 S., 25,90 €, br.,
ISBN 3-8258-6387-5

Willehad Balster
Fallstudien und Lernprojekte zum Marketing
Ergebnisse bildungsgangdidaktischer Arbeit in Projekten
Die vorliegenden Materialien sind ein Ergebnis bildungsgangpädagogischer Arbeit und des selbstverantworteten und selbststeuernden Lernens in Projekten. Sie stellen keine Lernaufgaben dar, die zum Lernen aufgegeben werden, sondern eine Herausforderung zur Entdeckung und Bearbeitung subjektiv bedeutsamer Entwicklungsaufgaben in Projekten des eigenen Bildungsgangs. Die entstehenden kritischen Lernprozesse, Irritationen und Sperrigkeiten, erfordern sowohl rezeptives als auch konstruktives, systematisches oder auch konfuses Lernen, es findet gleichermaßen statt.
Bd. 2, 2002, 216 S., 20,90 €, br.,
ISBN 3-8258-6487-1

Pädagogik und Gesellschaft

Edgar Forster; Ingo Bieringer; Franziska Lamott (Hg.)
Migration und Trauma
Beiträge zu einer reflexiven Flüchtlingsarbeit
In vielen Arbeitsbereichen begegnen uns Menschen, die an direkten und indirekten Folgen von Flucht und Migration leiden bzw. durch vorangegangene Erfahrungen von Gewalt und Krieg traumatisiert sind. Traumatische Erfahrungen hinterlassen seelische Beschädigungen, häufig soziale Desorientierung und den Verlust von bis dahin als sicher

LIT Verlag Münster – Berlin – Hamburg – London – Wien
Grevener Str./Fresnostr. 2 48159 Münster
Tel.: 0251 – 62 032 22 – Fax: 0251 – 23 19 72
e-Mail: vertrieb@lit-verlag.de – http://www.lit-verlag.de

erachteten Grundorientierungen. Dabei ist der Begriff des Traumas jedoch keineswegs eindeutig. Vielfach sind auch die „Helfenden" überfordert. Es entsteht das Gefühl, „zwischen Mühlsteine" zu geraten. Die Beiträge dieses Buches richten sich an alle, die in der Flüchtlingsarbeit im weitesten Sinne tätig sind: SozialarbeiterInnen, JuristInnen, LehrerInnen, PsychotherapeutInnen, ÄrztInnen, Pflegepersonal, Beamte im Flüchtlingswesen usw. Das Buch eignet sich auch als Einführung in die Themen Trauma, Migration und Flüchtlingsarbeit für Studierende und Lehrende an Universitäten, Fachhochschulen und Akademien.
Bd. 1, 2003, 184 S., 17,90 €, br.,
ISBN 3-8258-6613-0

Katja Feld; Josef Freise; Annette Müller (Hg.)
Mehrkulturelle Identität im Jugendalter
Die Bedeutung des Migrationshintergrundes in der Sozialen Arbeit
Die Beiträge dieses Buches lassen Jugendliche mit Migrationshintergrund im Rahmen empirischer Praxisforschung zu Wort kommen. Sie tragen arbeitsfeldbezogenes Grundwissen im Feld interkultureller Jugendarbeit und Jugendhilfe zusammen und leiten Impulse für die Theorie und Praxis Sozialer Arbeit mit verschiedenen Zielgruppen ab: mit Neuzugewanderten, Aussiedlerjugendlichen, unbegleiteten Flüchtlingskindern und -jugendlichen, mit muslimischen Jugendlichen, Mädchen und jungen Frauen aus Familien türkischer Herkunft sowie Jugendlichen deutscher Herkunft in verschiedenen osteuropäischen Ländern.
Bd. 2, 2005, 312 S., 19,90 €, br.,
ISBN 3-8258-7673-x

Hannes Krall
Jugend und Gewalt
Herausforderungen für Schule und Soziale Arbeit
Jugendgewalt wird in der Öffentlichkeit mit besonderer Sensibilität wahrgenommen. Einzelereignisse werden – oft medial überzeichnet – zu Vorboten eines prognostizierten gesellschaftlichen Verfalles stilisiert. Vermeintliche Ursachen sind bald gefunden: mangelnde Erziehung, Einfluss der Medien, Orientierungslosigkeit und Werteverfall. Und man ist sich einig: Der Gewalt muss Einhalt geboten werden. Doch so einfach lässt sie sich nicht domestizieren. Gut gemeinte Interventionen wie einmalige Sozialtrainings für Jugendliche greifen zu kurz. Gewaltphänomene führen zu grundsätzlichen Fragestellungen, die sowohl Jugendliche als auch deren soziales und gesellschaftliches Umfeld betreffen. Und mehr noch: Sie erfordern eine Begegnung und Auseinandersetzung mit Jugendlichen und deren Lern- und Lebenswelten.
Bd. 3, 2004, 216 S., 29,90 €, br.,
ISBN 3-8258-8185-7

Wissenschaftliche Musikpädagogik

Martin Pfeffer; Jürgen Vogt (Hg.)
Lernen und Lehren als Thema der Musikpädagogik
Sitzungsbericht 2002 der Wissenschaftlichen Sozietät Musikpädagogik
Obgleich Sigrid Abel-Struth bereits 1975 forderte, eine wesentliche Aufgabe der Musikpädagogik sei es, eine Theorie des Musik-Lernens zu entwickeln, kann man nicht sagen, dass diesem Desiderat in der Zwischenzeit hinlänglich entsprochen worden wäre. Nicht viel besser ist es mit dem Musik-Lehren bestellt, dessen Besonderheiten nicht mit dem Begriff der Unterrichtsmethode gleichsam automatisch erfasst werden können. Es war daher an der Zeit für die „Wissenschaftliche Sozietät Musikpädagogik", sich dem Komplex „Lernen und Lehren" intensiver zuzuwenden. Der vorliegende Band dokumentiert die Referate, die auf der Tagung der WSMP 2002 gehalten wurden. Er enthält Beiträge von Detlef B. Linke, Hermann J. Kaiser, Jürgen Vogt, Matthias Flämig, Renate Beckers, Christian Rolle, Erich Beckers, Anne Niessen und Martin Pfeffer.
Bd. 1, 2004, 184 S., 17,90 €, br.,
ISBN 3-8258-7385-4

LIT Verlag Münster – Berlin – Hamburg – London – Wien
Grevener Str./Fresnostr. 2 48159 Münster
Tel.: 0251 – 62 032 22 – Fax: 0251 – 23 19 72
e-Mail: vertrieb@lit-verlag.de – http://www.lit-verlag.de